Biblioteca minima

29

Fra le opere di Alberto Arbasino apparse presso Adelphi ricordiamo, oltre alla nuova edizione (1993) di *Fratelli d'Italia*, *Mekong* (1994), *Parigi o cara* (1995), *Lettere da Londra* (1997), *Passeggiando tra i draghi addormentati* (1997), *Paesaggi italiani con zombi* (1998), *Le Muse a Los Angeles* (2000), *La bella di Lodi* (2002), *Marescialle e libertini* (2004), *Dall'Ellade a Bisanzio* (2006), *Le piccole vacanze* (2007) e *L'Ingegnere in blu* (2008).

Alberto Arbasino

La vita bassa

ADELPHI EDIZIONI

© 2008 ADELPHI EDIZIONI S.P.A. MILANO
WWW.ADELPHI.IT

ISBN 978-88-459-2331-9

INDICE

LA VITA BASSA

PRIMAVERA '08

Manda a Cuosa, in val di Serchio,
Pisa manda ambasciatori.
Del comun di Santa Zita
Ivi aspettano i signori.

Ecco vien Bonturo Dati,
Mastro in far baratterie.
Ecco Cino, ed ecco Pecchio,
Che spazzarono le vie.

Ecco il Feccia ed ecco il Truglia,
Detti ancor bocche di luccio.
Il miglior di tutti è Nello,
Merciaiuol popolaruccio.

Tutti a nuovo in bell'arnese,
Co 'l mazzocchio e con la spada.
Il fruscìo de le lor séte
Empie tutta la contrada.

Il fruscìo de le lor séte
Chiama il popolo a raccolta.
Gran dispregio han su le ciglia.
Parlan tutti in una volta.

(G. Carducci, *Faida di Comune*).

«Entra il Coro. "Nella bella Verona, per antica
acredine scoppia tra due casati di pari schiatta
una novella zuffa, ove il sangue civico insozza le
mani civiche"».

(W. Shakespeare, *Romeo e Giulietta*).

«Corsi e ricorsi storici» (G.B. Vico).

«Inopinati bubboni, malaugurati incubi» (B. Croce).

«Over and over and over the world we knew» (F. Sinatra).

«Costanti antropologiche, caratteri etnici originali e originari, ancestrali e atavici, connaturati e congeniti» (G. Fortunato, G. Salvemini, C. Lévi-Strauss *et al.*).

«Plus ça change, plus c'est la même chose» (A. Karr).

«Fanfare for the Common Man» (A. Copland).

«Le tragedie si replicano come farse» (luogo comune classico, poi meccanicamente replicato da una pubblicistica sempre più modesta, tipo 'gettare la maschera' – tragica, comica, satiresca, ecc. – nonché 'gettare' di tutto: il guanto, la spugna, la tonaca, le armi, le fondamenta, il cuore oltre gli ostacoli, il bambino col contenuto degli orinali, dalle finestre degli abituri senza cesso).

Nelle remote adolescenze ancora belliche, lungo le biblioteche decrepite e gonfie di grandi letterature e classici minori, tra palchetti e ripiani frananti, non era insolito imbattersi in file e file rilegate di lettere e diari e mémoires molto personali ma vivacemente «in presa diretta» dall'interno dei grandi e piccoli tornanti nella storia francese e inglese ed europea.
Macché ultime parole famose di patrioti sotto i patiboli; o pietose testimonianze di trincee fangose e patimenti e ritirate e prigioni; o maneggi politici e pratici fra piccole élites benpensanti e

faccendiere di potere; o affetti domestici intimissimi con malattie e dispiaceri di povere mamme e nonne e pupi e animaletti da cortile. Nemmanco una qualche Letteratura come Vita ermetica in caffè taciturni per timore del Regime e di richiami alle armi, con quintessenze di versi e prose distillate circa magmi, grumi, greti, greppi, rivi, clivi, ansie, tensioni, balestrucci. Né crucci o mezzucci e 'inciuci' sottotraccia per transitare velocemente dai Littoriali ai Soviet senza dover perdere i compensi pendenti per i 'pezzulli' su pubblicazioni 'intellettualoidi' ormai travolte, in attesa di sfamarsi presso Mamma Rai.

Chi poteva prevedere un Duemila tutto strusciante di stili, tendenze, mode, mostre, eventi, bellezza, benessere, festival e tsunami di pensatori e ricercatori in fibrillazione esponenziale di iniziative paradigmatiche per il Terzo Millennio?

Ma quante Madame intelligenti, però, ed eccellenti scrittrici, in quelle librerie, e attraverso i decenni, in quelle società dalla Reggenza alla Rivoluzione all'Emigrazione all'Impero alla Restaurazione al Secondo Impero e dopo... E macché solo conversazioni eleganti, fra palazzi e salotti e campagne, anche in Inghilterra e Svizzera. Soprattutto testimonianze «dal vivo» e «oculari» (nonché «auditive», *instant* in prima persona) sull'attualità cronachistica e le considerazioni immediate, con dettagli e aneddoti addirittura giornalistici sui fatti e i personaggi, nel corso degli eventi storici sempre composti di eventini effimeri. Che collaborano a chiarirli e illustrarli, sotto i vasti cieli stellati o rannuvolati

13

delle storiografie accademiche, metafisiche, materialistiche, geografiche, geologiche, ideologiche, etnologiche, razzistiche, meccanicistiche, evoluzionistiche, economiche, sociologiche, dietrologiche, psicanalitiche...

Nelle letterature e storie europee maggiori gli 'eventi' e i 'contesti' pieni di testimonianze epocali e personali illuminanti saranno per lo più quelle Corti e Reggenze, le guerre e le guerre civili, le invasioni straniere, i *salons* con le madame e i gentiluomini e i marescialli e i diplomatici e gli ecclesiastici, i Parlamenti, gli Stati Generali, il Direttorio, le campagne d'Italia e di Russia, la «rapidité stupéfiante» della Restaurazione dopo il Congresso di Vienna, le spedizioni africane, il Quarantotto, la Comune, la Belle Époque, le grandi guerre, le cadute delle monarchie, i massacri e stermini...

E le locande, ove assai prima dei bar sport pernottavano i viaggiatori e i vetturali, anche rustici, scambiandosi storie generalmente mirabolanti ignorate dalle gazzette. Non certo conversazioni ai pranzi 'esclusivi' sui temi e titoli dei telegiornali e quotidiani abituali: aprire un tavolo, anzi parecchi tavoli, con seminari e cantieri e convegni e dibattiti per identificare identità e immagini, approfondire esami e riflessioni e analisi e indagini, metabolizzare e somatizzare alternative allargate e mirate a medio e lungo termine di continuità nel cambiamento e viceversa...
Reinventando soggetti e oggetti da costruire...
Decostruendo e rielaborando manciate e ventagli di nuovi modi e stili di vita: dialogo fra, bufe-

ra su, fumata, scontato, felpato, ovattato, farà discutere, subito polemica, rielaborare, interagire, svolta, rivolta, masse, mouse, metafore, microcosmi, egemonia, esultano, verifica, classifica, pausa di, da un'idea di, in odore di, la nuova provocazione di e su e per e tra e fra, sul territorio, nel filone, di confine, fil rouge, quote rosa, dissenso, foulard, di frontiera, «per non dimenticare», «non ci soffermiamo», riforme, compromesso, gravissima, pogrom, hard rock, stralunati e lunatici, strampalati o spampanati gazebi, toghe in rivolta, movida ecologica, rimettere in piedi, labirintici, claustrofobici, adrenalinici, militanti, «cento o duecentomila morti al giorno», semifinali, demenziali, inanellando l'allucinante, domus romana, maison à Paris, «sono stato frainteso», think-tank, talk-show, fitness, rumors, pole position, ed è subito gelo fra i poli, Pace, Peace, Pax, Pol Pot, red carpet, disobbedienza, «sangue! sangue!», Maldive, Malvine, Bronx, volontariato, roghi, ambiente, mercato, un altro bacio saffico, wellness, boss, talasso, motor-club, momenti di, garanzie, stand-by, display, dà forfait, a tavolino, a Merano, cestinare, «riprendiamoci il Centro!», wine bar, «Ite sul Colle, o druidi!» (*Norma*), happy hour, «con questa faccia da straniero» (Moustaki), ostaggi della movida, spazi per, «non è questo il luogo per», luoghi e loghi e non-loghi, rinnovamento, contaminazioni, installazioni, allestimenti, coinvolgimenti, strumentalizzazioni, discontinuità, mancanze di rispetto, outing, panchina, melina, melassa, impasse, impatto, spalmare, blindare, brindare, spareggio, spaccato, spolvero...

In 'ambientini' ove davanti a schermi più o meno giganti si ripetono battute abitualmente note di comici e cabarettisti 'generalisti', vignettisti e presentatori impegnati, beniamini dell'audience, repliche a talk-alterchi, e non certo 'mots' di equivalenti locali e stagionali di Benjamin Constant o J.M. Keynes, Lady Diana Cooper o Madame de Staël, Vita Sackville-West, Tocqueville, gli Huxley, i Woolf, arguti rettori e fellows di King's, Balliol, Trinity, e colleges analoghi, peraltro mantenuti nella nostra contemporaneità da tutta una cultura circolante di biografie, ripubblicazioni e recensioni su periodici internazionali come il TLS, riferimenti abituali per qualunque società e conversazione appena 'intellettuale', dovunque si trovi.

Non per nulla, quando appare sui giornali qualche stralcio e foto di seratina salottiera romana, due sono gli spontanei gesti bien de chez nous. «Siamo giunti lì», all'altezza delle caviglie, come in un antico popolare programma televisivo. «È arrivata fin qui», con le dita all'orlo del naso.

... Linguaggi corporali e gestuali, da dissertazioni semiotiche in rinomati colleges tutt'altro che lepidi, con tesi e antitesi e relatori e laudes accademiche circa il dito medio o pollice levato fuori dal finestrino nei sorpassi motoristici...

... Dopo decenni e generazioni di 'ricercatori' e 'anticipazioni' e acribie di ruoli e concorsi e scatti e carriere e 'lectiones' magari anche 'magistrales' ai fini di riesumare negli archivi – tutt'al più – ordinarie miserie peraltro risapute e compatite in qualunque ginnasio-liceo italiano durante e dopo la guerra. Soprattutto a causa dell'ininterrotta produzione 'cartacea' degli intellettuali 'scribacchini', durante il passaggio «in un sol giorno» e «come un sol uomo» dalla stampa & propaganda 'fascistoide' alla temibile egemonia togliattiana.

Altro che conformisti «fuori dal coro» in atteggiamento «contro» perennemente sfottente: i Montanelli, Malaparte, Longanesi, Ansaldo, Prezzolini, Missiroli, di successo in successo benpensante e cheap... Piuttosto, nelle fasce subalterne, per comprare scarpe e cibo ai piccini, quanti innumerevoli meschini affamati e affannati si mostravano capaci di servigi e faccende di low profile sotto qualunque gerarca presente o prossimo dei regimi successivi. E nelle famose egemonie culturali, anche senza frugare nei 'faldoni', correntemente si potrebbe constatare che «intellettuale» diventa sinonimo di travet mezzamanica e leccapiedi, per ottenere piccoli poteri più o meno piccolo-borghesi.

Ecco dunque le «liste dei firmaioli», detti «i soliti» cinquant'anni fa come in seguito, per qualunque manifesto di giornata, anche due o tre al dì. Figure già caratteristiche, come i piccoli boss di sorveglianza, sui primi sofà 'impegnati' e 'conformi' (e nemmeno ancora radical-chic) da tener sotto controllo nelle transizioni politicanti. E sorvegliati a loro volta dagli occhiuti salottisti: come già i finti avventori tutt'orecchi nei tavolini di caffè attigui ad ogni «odor di fronda», negli ambientini di ieri. Ma apparendo i-

17

nevitabilmente camerieri di regime (sottostanti a un maître come nei ristoranti), soprattutto fra i tappeti e i bibelots dei più facoltosi e sorvegliati (soprattutto se 'concubini' o 'invertiti', una volta) compagni di strada, di lotta e salotto. Quando non c'erano ancora gli ascolti telefonici; e circolava come una spiritosata la storia vera di un generale che conversando con sua figlia al telefono capì subito che si stava tentando un allacciamento maldestro. E alzò la voce: «Ti ordino di procedere secondo le regole!». E l'intercettatore: «Sempre sull'attenti, eccellenza!». Alcune signore salottiste si lagnavano però di non venire intercettate da nessuno.

Anche allora, ovviamente, «l'intendance suivait», con carichi di Amleti Redenti e Madri Foraggio e Ciumachelle de Trastevere e Chiapas tutto, come adesso. Ma oggidì si propalano piuttosto gli entusiasmi pianificati di stars (movie, rock, sport, fiction, poesia, filosofia, ecc.) per Piazza Navona, Fontana di Trevi, carrozzelle, Campidoglio, tramonti, il calciatore più popolare del momento, la gioia dei figliolini davanti al Colosseo e alle fettuccine o ai linguini. Cacio, pepe, e trasgressione conforme. Tutto bene e tutto a posto, per «my wife and I». Al contrario di quegli inglesi e tedeschi e francesi che ricercavano le sconosciute bellezze della Toscana e dell'Umbria, in altri tempi e forse anche ora. Qui, dopo mezza giornata a Roma, scatta l'applaudita provocazione dell'ospite contro il centro-destra dell'infelice Italia 'testata' sui tappeti rossi, sul Canal Grande, a Santa Lucia. Come del resto schizzano immediate le analoghe provocazioni e rivendicazioni soprattutto economiche contro le istituzioni e autorità italiane del momento, da parte di qualunque attore o cantante o regista o comico nostrano appena approda all'Estero, e verrebbe deriso in un paio di righe eventuali sulla stampa locale se azzardasse giudizi qualunque su Sarkozy, Gordon Brown, Merkel, Zapatero, Putin, o chicchessia a Lisbona o Helsinki.

Nemmeno andrebbe tralasciato che nei salotti veramente politici medio-alti ci si accalora in questo 2008 soprattutto per le ricadute imminenti di ogni spoils system post-elettorale sulle carriere e prebende individuali e dei parenti. Mentre pare generalmente accantonato lo schema di un compromesso storico o precario fra Guelfi e Ghibellini, Bianchi e Neri, «Franza e Spagna» con Mussolini e Roosevelt e Stalin e poi rabbini, cubani, sceicchi, cinesi... O addirittura Berlinguer e Craxi e Andreotti «sul campo» d'una partita internazionale dell'Italia, con sventolio delle bandiere anche per la Pace davanti alle tifoserie riunite e dai finestrini delle auto claxonnanti. E poi – altro che «Noi siamo da secoli, calpesti, derisi, perché non siam popolo, perché siam divisi» – le immarcescibili fiaccolate di un milione e più di Italiani al Campidoglio e a San Giovanni e a San Pietro, capitanati e rappresentati dall'on. Moro.

E certo, l'aver conversato in varie sedi e fasi con Chateaubriand e Talleyrand e qualche Orléans e Mecklemburgo e Coburgo e Romanoff sarà stato giovevole, per chi tiene un *journal*. Come poi con parecchi Noailles e Gramont e Beaumont e Bibesco e Rothschild e Polignac e Ségur e Broglie, ai tempi di Proust e Diaghilev e Cocteau e Pétain e Chanel. Ma del resto anche in Inghilterra, accanto a figure come Lytton Strachey ed Evelyn Waugh e Cecil Beaton e Winston Churchill continua a proliferare questa produzione sterminata e sempre à la page di biografie e iconografie e ricostruzioni di fasi e tendenze ed epoche praticamente mai démodées: con innumerevoli note e interviste e citazioni di diari e lettere e gossip d'epoca (sempre più pregiati come 'fonti' per una Storia non solo 'micro', nonché per i musei del Moderno che acquistavano i Post-Impressionisti e i Futuristi quand'erano ancora cheap).

E lì, illimitabili Mitford, Tennant, Asquith, Astor, Curzon, Cunard, Cooper, Lehmann, Sitwell, Herbert, Lubbock, sempre molto scriventi... Incalcolabili Diane, Daphni, Allegre, Pamele, Penelopi, Cresside, fra i più duraturi «Bloomsbury-fetishists», i relitti delle avanguardie ribelli, i depositari di carteggi, i decadenti devoti delle icone di A.C. Swinburne e Gloria Swanson e di toreri ormai dimenticati anche a Pamplona. E dame anche poco letterate – però ritratte da Alma Tadema o J.S. Sargent, a parte Boldini – sempre più preziose e niente affatto ridicole, considerando i prezzi eccelsi raggiunti alle stesse aste dove si consideravano 'out', non tanti anni fa.

Così, risulterà anche stavolta un 'tornante' o 'tormentone' epocale – tipo il commemoratissimo

Sessantotto, e il fatale '78 della Vicenda Moro – questo 2008 già tanto carico di flashbacks memoriali e slogan politici o stupidi luoghi comuni ormai abituali sul costume e il carattere nazionale e civile degli Italiani?

... Italiani sempre stati antitaliani, già controcorrente sul biglietto da visita, e soprattutto nelle dichiarazioni agli stranieri, dunque «calpesti, derisi, divisi» come afferma l'Inno Nazionale, malgrado ogni paludato o ingessato «Va' fuori d'Italia, va' fuori, o stranier»?...

... Milioni di 'macaroni' postmoderni, pizzaioli fascisti, mandolinisti razzisti, industrialotti mafiosi, arlecchini papalini, buzzurri chitarristi e sanfedisti, maîtres-à-penser citazionisti e ignari, antiromani asburgici e borbonici o elvetici, sciorette salottiste con table-talk a livello di cheap talk-show negli altezzosi giudizi del temuto Estero?...

... Un elettorato di consumatori intriganti, graffitisti graffianti, devastanti inquietanti, sconcertanti allucinanti, disobbedienti ribelli, arrabbiati e incazzati neri, vandali bestiali e imperdibili, mimetici imprescindibili, come nelle pubblicità dei loro prodotti con le carte di sconto omologate sul «be different»?...

... Maggioranze di conformisti trasgressivi, conservatori progressisti, reazionari irriverenti, populisti di élite, gggente sempre contromano, controvento, controluce, contronatura, contropelo, contro ogni senso vietato contromarcia e controlegge e qualunque contestazione contro-culturale controproducente...

Quale provocazione o proscrizione o interdizione sarà di tendenza o in controtendenza, così, in un contesto di Nuovo, Novello, Neo-, Rinnovamento, Cambiamento, o addirittura *Change*, e magari «Torniamo all'antico, sarà una novità» del maestro G. Verdi al suo complice A. Boito?

... Metabolizzare, storicizzare «per non dimenticare» o «per dimenticare il 2008», articolare, elaborare, testimoniare «registrando obiettivamente», anche ove basta aprire un minuscolo blog o tirare un sms sulle realtà senza schierare l'obiettivo per venir tacciati di moralismi o realismi che fanno il gioco degli altri... Secondo un successful trend iniziatico-occultistico, basterebbe porre in orizzontale la tremenda cifra '8', ed ecco subito il simbolo scolastico dell'Infinito. Come diceva il popolino milanese, sul suo territorio: «L'è un alter Quarantott». Prima della «fatal Novara» in un Quarantanove *kaputt* proprio lì, ma anche degli eccellenti *49 Racconti* di Hemingway, nonché della fatidica vittoria di De Gasperi nelle elezioni epocali del '48, delle attuali miriadi e profusioni di 'eventi' quali rassegne e convegni e almeno una «lectio magistralis» su qualcosa che è metafora di altra cosa, in ogni villaggio della provincia profonda, con megapalchi multicolorati per clientes di circenses multiculturali a spese pubbliche.

«Il n'y a rien au monde que les sauvages, les paysans et les gens de province pour étudier à fond leurs affaires dans tous les sens» (H. de Balzac, 1838: epigrafe a *La pensée sauvage* di C. Lévi-Strauss).

«Ces sociétés sont fondées sur des relations personnelles, sur des rapports concrets entre individus, à un degré bien plus important que les autres» (C. Lévi-Strauss, 1958).

«Abhorrant le Pape, ils n'en transféraient pas moins au Dalaï-Lama un fond de révérence dont ils n'étaient pas affranchis» (R. Caillois, 1955).

«Quercia rotta e margherita secca e ulivo senza tronco» (L. Pintor, 2003).

Allora si arriva a queste consultazioni e constatazioni d'aprile con sempre più scarse competenze ed esperienze di maestri e guide sui vari campi e terreni; e dopo le chimere e vanvere intellettuali e politicanti i risultati elettorali del 2008 parrebbero 'bacchettare' sul territorio i salottisti come i demagoghi 'in' e i loro media, malgrado le grosse differenze generazionali e sociali e mondane e statistiche. La reazione dei giovani, il populismo ormai borghese, le trasgressioni dei ceti abbienti, il conservatorismo sindacale, la politica come cabaret... Ma le élites normalmente leggono e regolarmente scrivono che qualcuno bacchetta, sferza, striglia, staffila, frusta, flagella, fustiga, scudiscia, pungola... E taluno, o taluna rugge, mugge, ringhia, raglia, abbaia, strilla, bercia, frigna, squittisce, grugnisce, grufola, pigola, uggiola, ulula... Come nei cartoons, e nel *Falstaff.* «Pizzica pizzica, spizzica stuzzica, pungi spilluzzica, cozzalo aizzalo, strozzalo strizzalo, ruzzola, ruzzola, ruzzola!».

Anche a Salisburgo, però, nel castello si espongono come attrazione turistica le maschere animalesche di metallo che si infilavano sulle teste dei condannati al rogo, così stimolati dalle pinze roventi che cacciavano urla veramente bestiali come spettacolo per il popolaccio. Come le mannaie e le gogne o graticole e i boia e le clave e i fendenti nei titolacci d'oggidì. Fra un piede nel sociale e un altro sul pedale, e naturalmente un alluce sul digitale. Ma intanto, contro «cosacazzo» si fanno l'anticorteo e la controfiaccolata, sabato? Notte bianca, con *dépense* energetica, o «nera come il carbòn, bon, bon»? (Ah, bei tempi, quando negli anni Trenta a Parigi c'era l'immancabile *manif* ogni domenica mattina, alla Mutualité. Addirittura col poeta Aragon, talvolta).

Così, anche nei piccoli centri, invece di seguire polemichette ove il massimo della 'vis' sottosegretariale si raggiunge definendo «a dir poco sconcertante» ogni avversario graffiante o gracchiante da buvette, certe giovani coppie stanche vanno magari cercando e scaricando Guantanamo e altre golosità 'forti', sui siti a luci rosse, come preliminari o surrogati serali.
E come tanti anni fa (assai prima dei telefonini pieni di stupri di branco nei cessi scolastici mixati con gli atroci accidenti stradali del sabato), nelle ghiotte cantine pacifiste del Greenwich Village, molti regolari maschietti figli dei fiori e di mamme loro si facevano rudimentali pippe davanti alle spietate denunce delle prigioni militari molto corporali, con punizioni 'live' e 'living' di masochisti dalle tette e chiappe esemplari. Altro che «Nuovi nudi in camicia nera» come in tante messinscene di Bellini e Puccini, ormai da decenni. O le SS come truppe scelte di Erode e

di Egisto, a Gerusalemme e a Micene, contro le Salome e le Elettre ingrassate e invecchiate e denudate per i fruitori 'post'.

Non si è però ben capito, malgrado le abbondanti riflessioni socio-statistiche, e psico-etniche, a quali «contingenti di leva» attribuire le marce avanti o indietro del Nuovo Cambiamento, o le retoriche dei Valori più o meno incontestabili. Ai giovani in magliette luride e jeans cenciosi oppure in completini neri da ufficio con camicie bianche e scarpette cacchina, agli innumerevoli vecchi più o meno canuti e tinti ma generalmente furibondi, alle ragazze con fuori tutte le cicce, ai ragazzi con fuori altre cicce sopra la vita bassa, agli ex-sessantottini oggi ultrasessantenni di «come eravamo» e potere, alle mezze età arrabbiatissime contro tutti loro? Né pare affatto chiaro se nello '08 siano più elettoralmente progressisti i concerti rock dissacranti e irriverenti, o le riverite evocazioni delle sacre élites della Prima Repubblica: Luigi Einaudi, De Gasperi, De Nicola, Nenni, Saragat, La Malfa, Bobbio e gli altri torinesi insigni, nonché inevitabilmente V.E. Orlando, F.S. Nitti, Ivanoe Bonomi, Meuccio Ruini, e altri revenants. In tempi di happy hour, after hours, lounge, tiramisù, sales, outlets. Però anche Antichi Sapori e Saperi, agriturismi, telai e crostate a mano, galline genuine, salotti e sformati casarecci della Sora Cecia, Mamma Rosa, Babbo Nando, Nonna Rachele, strozzapreti alla pippa fresca e strangolini pigliànculi a volontà, con ricco buffet «magna quanto puoi» di cazzarole piccanti e ficcanti cool and trendy and house and garage + rave X vaffa a prezzo fisso, inosservando per il parcheggio 'anni Trenta' la piccola infrazione a U su doppia riga in curva.

Ma chi 6 tu, per sentenziare o contestare, magari e se domani, cosa mai può risultare «irrituale» o «rituale», alle provocazioni cerimoniali, ai circenses militanti e benpensanti, o rétro-populisti, o «fine a se stessi», fra piazze e palchi e contaminazioni e inquinamenti e pollution e iniziative e cooperative e prerogative e Chiapas e chat e denunce e proteste e tribuni della plebe e tribune per vip alla partita?

... Mentre per Ferragosto già si annunciano gli imminenti dibattiti fra i villeggianti alla Versiliana e a Cortina sui prossimi incresciosi massacri estivi nel secolare e consueto conflitto fra la Bersezia e l'Ipazia...

E «la vita bassa», da noi, non diventerà una Metafora illuminante e dirigibile, nella pubblicistica 'easy' satura e beata di cose che sono sempre metafore di altre cose? Non solo il mercato e i mercatini, anche gli scarichi paiono ormai ingorgati eppure insaziabili di metafore del nostro tempo, del nostro paese, della nostra condizione, dell'esistenza umana, di Dio, dell'ermeneutica, di tutto. Anche metafore di metafore, metafore polivalenti? Moratoria sulla metafora, urge? Sennò, bufera sulla bufala, mozzarelle mozzafiato, riflettori accesi su Roma nun dà la bufala stassera?

E se «la vita bassa», per i prossimi Lévi-Strauss e Mauss e Bataille e Leiris e Caillois (in un aggiornato Musée de l'Homme con foto in bianco e nero di 'indigeni' autentici con addomi e glutei ridondanti odierni esibiti di fronte e profilo), diventasse un *Segno* antropolo- ed etnometodologico strutturale e culturale di tutto un Inconscio o Conscio tribale ed elettorale non solo giovanile e sgargiante, come i totem e tabù e le penne e gonnelle e facce dipinte dei più rinomati aborigeni? «Funzione segnica» un pochino ruffiana o equivoca?... Feticcio peraltro pochissimo studiato, per ora, nonostante la prensilità così 'easy' e 'quick' degli apparati mediatici specializzati.

Tuttavia, per interpretare anche statisticamente le opinioni elettorali più diffuse tra la ricercata e deplorata gente comune, chissà quali «luoghi di socializzazione» frequenteranno adesso gli opinionisti e commentatori e analisti della mia età (ne ho 78) fuori dal backstage delle tv generaliste e populiste e gli antichi salotti dove anche i vecchi camerieri affittati sono i medesimi. (E i prestigiosi ospiti di passaggio: «Ils sont tous de la maison?». E all'entrata dei prestigiosi stranieri, qualche elegante naïf: «Adesso invitano anche i gruppi turistici, per far numero?»). Ma fra il portone e la macchina e sopra i tappeti rossi sarà difficile percepire le buche sottostanti poco e malamente riparate, con gli avvallamenti e le pozzanghere eterne che intasano i tombini otturati e fanno tirare tante madonne ai poveri motorini.

Si sarà magari un pochino ridacchiato – irriverenti! – nei salotti più o meno 'in', su certe concause delle disfatte elettorali degli ex-presenzialisti: l'appoggio letale e démodé di una 'signorilità-cashmere' esigua e ridicola; il 'caciaronismo' sloganistico senza idee pratiche e senza seguito fuori dai casini e cagnare e «va' a cagare» per le tv; il risucchio dei 'verdastri' o 'merdastri' con clientele numerose e ingorde; l'assenza statistica del 'new generone' sul territorio e non soltanto sulle sputtanate 'terrazze'; il micidiale mecenatismo dei circenses per un 'popolaccio' che poi rovesciava un imperatore dopo l'altro, malgrado il buon gusto e le buone cause e la 'culturaccia' in auge sui tappeti rossi che ricoprono le buche stradali romane perenni... Anche, poi, fra i battitori liberi o d'eccezione per le continue iconeculto delle beneficienze, quante battute poco signorili e fini sulle gratuità opulente a cinque stelle pretese dai familiari dei Ruoli Istituzionali apparentemente ruspanti con gli 'sfigati' sul territorio.

Che ne sarà allora del populismo, ci si chiede adesso nelle borgate emergenti e cinicamente incredule.

Oltre tutto, un orribile sospetto gay. Forse vari outing froceschi dei politici e dei loro collaterali, benché vistosi in ottima fede, non condivisa dalla maggioranza dei votanti, al momento di contarsi hanno involontariamente nuociuto alla 'causa', vista la disfatta delle collusioni elettorali. Le simpatie e militanze molto settoriali, quanto giocano 'in cabina'?

«Naturalmente occorre innanzitutto aprire un momento vastissimo di riflessioni durevoli almeno quanto l'intera legislatura. Per annalizzare soprattutto i temi e moventi del 'dibbattito'. Aprendo in primo luogo un'amplissima sequenza di tavole rotonde sul 'dibbbatttito' medesimo. Rilanciando fino all'Alzheimer una *recherche* sul campo della propria identità come radicamento nella società e sul territorio. Un esame constatativo o contestativo, anche secondo i meticciati migranti e ruspanti fra il territorio alternativo e le identità di frontiera e confine e raccordo anulare».

Frattanto, sul terreno, sul campo, fra i campi...
C'erano una volta quei plebeissimi «bar sport» proverbialmente denigrati dai 'maîtres' pensatori come epitomi e ricettacoli di populismi e qualunquismi deteriori. Anzi, «più deteriori», secondo la vulgata. Senza quei «tot capita» indipendenti «di testa loro» che i vecchi umanisti lodavano 'a tavolino', ma che sempre più raramente si riscontrano davanti al televisore, nei salottoni più impegnati e compattati, con commenti omogeneizzati analoghi a quelli che possiamo vedere e sentire anche dalle finestre sul cortile, quando c'è la partita, nelle cucine di fronte, con le esclamazioni e le birre. Senza troppe teste e bocche pensanti individuali e prive di idee ricevute di massa. Con un po' di «post hoc, ergo propter hoc», piuttosto. Donde, quanti «ve l'avevo già detto *prima*!», anche come slogan di nonna.

Può infatti accadere a taluni di capitare sul territorio ciociaro e pontino, fra le elezioni e i 'ponti' di primavera. E lì, sui litorali e nell'agro e nei borghi, può succedere di ritrovarsi nei comprensori evocati dalle elegie ermetico-ferroviarie a ridosso della guerra: Minturno-Scauri, Fondi-Sperlonga, Priverno-Fossanova... Continuamente fra «gente comune» radicata nei luoghi. Vecchi «adusti e terragni» generalmente simili a Pietro Ingrao; giovanottelli identici al loro divo Fiorello, nelle basettine affilate e nei sopraccigli perfettamente simmetrici: due ritocchi dall'estetista ogni settimana (a detta del barbiere). E veline, veline, naturalmente: accuratamente sciamannate, con numerose obese giovanissime assai vivaci e sciamanti che golosamente leccano gelati molto nutrienti per i pannicoli d'adipe fra la maglietta breve e i jeans XXL. Paparini affaccendatissimi nelle coccole ai pupi tra passeggini e berrettini e braccialettini e biberon; mogliettine con rughette d'espressione già ritoccate in verde età. Qualche vecchietto forse del '68, giacché coi capelli bianchi tuttora indossa le antiche magliette slavatissime col «69» sulla schiena, accompagnato da aggettivi trasgressivi d'epoca. (Quando magari ancora, in talune abitazioni coloniche, si diceva «il numero cento» agli ospiti per indicare il cesso fuori). E nipotini tutti alla moda «più e più estrema» che sfoggiano i jeans stracciatissimi d'ordinanza appunto con «la vita bassa» – sempre più bassa – sotto le chiappe e la necessità di tirarseli su a ogni passo.

Per chi avranno votato, lontano dai sondaggisti, e senza aver mai sentito parlare di loft o hub esclusivi dai villeggianti ex-plebei chiusi nei loro reticolati assediati dai bagnanti ciociari?

Saranno arrivati al cult, al must, al look, al trend, visto che li praticano all'estremo e anche all'eccesso, come il piercing. («Piercing» era un aggettivo prediletto da Henry James, oltre tutto). Ma in un bar sport, ho sentito dei cool che si dicevano «ecchessommài sti rummeni? ssò bbulgari?».

E loro, avranno appreso e imitato da mitiche guide esotiche o dépliants per vacanze spericolate questi ornamenti da concerto che perforano labbra e nasi e orecchie come in un Gauguin di fantasia?

Ma non leggendo evidentemente i nostri giornali, saranno mai venuti a sapere che nelle campagne metropolitane (elettorali) si striglia e raglia e staffila e uggiola e fustiga e abbaia e grugnisce e gracchia, proprio come nei poderi colonici dell'Agro, e nei poderetti collinari fra gli Ausoni e gli Aurunci?

E chi glielo spiega, ai trendy e alle loro trendine?

«Privacy»? «Welfare»? «Governance»? «Enforcement»? I gruppi 'infiorellati' ridacchiano allegri e spavaldi. Non si usa neanche più dir «paraculi» o «pischelli», roba da vecchi pasolìnidi.

Tra Formia e Fondi e Gaeta e Sperlonga e Terracina e Sabaudia e Norma e Ariccia – e le intriganti scritte locali di Pornobomber, Italporkette, Intimo Ingrosso, Spaccio Intimo, Sora Auto... – forse per qualunque ex-opinionista post-salottiero non sarà facile acchiappare sentori antropo-elettorali quick, in tarda età disimpegnata. Fra gli antichi ciociari ciceroniani e cistercensi e i coloni romagnoli portati qui dal Duce come reduci bellici di Carso e Grappa e Piave e Isonzo per bonificare le paludi coi borghi omonimi in vista delle mozzarelle e serre di primizie, fra i resti dei «razionalismi d'avanguardia» e delle «vedove di guerra»...

«Per non dimenticare» o «Per non ricordare», al momento della scheda nell'urna 'glocal' e della successiva lunga siesta di riflessione e rimeditazione romana?... Non risulta più tanto facile, invero, distinguere le fisionomie e i comportamenti neo- o vetero-fascisti o comunisti, qui dove le facce tipicamente e storicamente «littorie» appaiono bimillenarie e archetipiche, così come l'ormai biasimato «body language» col palmo levato o pugno chiuso o avambraccio flesso, evidentemente ancestrale dalle comunità megalitiche ai motoscafini di San Felice. E così, sulla piazza di Sabaudia, «tutti fascistoni» o «tutti fighetti», così come «tutti vecchi franchisti» o «tutti froci» (secondo le ore) in giro per Ibiza? «Sulla piazza, si schiamazza», secondo la *Carmen*. («Hola, hola, tutte troie, è stato wonderful»). Ma intanto, in una movida locale, quale aggettivo sarebbe più fascista o più ermetico, fra «glabro» e «scabro»? (Un quiz estivo).

Nei telegiornali post-elettorali, vegliardi italiani decrepiti, senili, spesso tinti e ritinti sconciamente, sovente appisolati nelle pieghe facciali flaccide... E nel nuovo che avanza da quarant'anni, i più nuovi sarebbero tuttora i sessantottenni 'fit' o 'unfit' per un Paese che viene sempre minacciato o attratto da una ricaduta di almeno quarant'anni all'indietro...

Ma fra pupi, strilli, passeggini, paparini in infradito, orecchini e berrettini e bandane di zombi e cloni attoniti (però votanti), quanti si sentiranno colpiti dai giudizi di NYT, WSJ, FAZ, e analoghe testate con corrispondenti che magari fanno il bagno qui in spiaggia, fra mutande griffate e blasonate, telefonini satellitari, beniamini del pubblico annunciati in concert?

E del resto, qui nel trendy, quanti saprebbero decifrare lì per lì sigle per tanto tempo illustri, come SRI, SMOM, TWA, INRI?... Spray sui muri? Si direbbero passati di moda, nei paesi. E le spranghe d'epoca? Forse si affittano come le biciclette, con sconti per gli over-65. Nei bar sport: dopo una sconfitta, cambiare subito il *ct*. Nelle ville, preoccupate soprattutto dagli hedge funds: dopo una tale *débâcle*, sostituire immediatamente l'*ad*. E il *dg*. O *pe-de-ge*. O *ceo*.

Ma per i soci di un prestigioso Golf Club locale: sfida fra avvocati e notai, in favore del Bambin Gesù.

Allo Sfruttamento Forestieri: ma quanti Pirlo avrà l'ex-Jugoslavia?

«E se gnente gnente a un lowissimo cost se potesse rimedià un exclusive pacchetto da capogiro e mozzafiato con tango e fandango, campero, pampero, Patagonia e Amazzonia (non Ansedonia!) e Perón e bandoneón e moleskine e Tropicana tutto incluso su quegli imperdibili iceberg a tante punte... Tanto pe' nun dimenticà, metabbolizzà, sommatizzà cor diggitallettutto...

Magara a un costo lowerrimo. Er più loweriore de tutti».

«Emmaggara puro 'n feticcio oddue da portà accassa?».

Ma fra questi lidi e clivi e colli e canali e dune e borghi e grotte e abbazie e ruderi e zagare e sepolcri e serre di plastica e bifore gotiche e leoni stilofori e Giove Anxur e Casamari e Sabotino e Sermoneta e Serapide e Saturno profugo e Ninfa e Asiago e Pasubio e Tiberio e Timavo ed Enea e Maga Circe e Bonifacio VIII e le Bonifiche e Valvisciolo e i Volsci e il Vòdice, quali eventuali pause e tavoli aprire – «When I'm oversixty-four...» – su un nuovo Cambiamento che si riposiziona e avanza come Vintage... Fra gli aggiornatissimi 'strusci' nelle piazze e piazzette con le vetrine di 'Novità', qui tutti si sentono più moderni, nei paesi antichissimi e proverbiali: Veroli, Sgurgola, Pontecorvo, Ceccano... Ma «il signor di Ceprano» si trova solo nel *Rigoletto*? Ora a Ceprano si esce dall'autostrada per andare al venerando Pico di Landolfi. Ma quali intriganti e mai cessati spiriti potrebbero qui aggirarsi, sotto sotto?

Già, ancestralmente, tanti abituali dibattiti fra laici e cattolici, ad alti livelli intellettuali e giornalistici, come verranno recepiti sul territorio, se non tengono conto delle profonde radici pagane che vivono sentitamente e quotidianamente nella mentalità e nei caratteri, senza bisogni di una Rinascita dell'Antico?

Lo si era ben capito nell'Umanesimo: ivi sere-

namente continuano a lussureggiare Bacco e Arianna, Venere e Diana, Giove (anche Pluvio) con Marte e Minerva e Mercurio e le loro specialità, Nettuno, Saturno, Salomè, Ganimede, Apollo con le sue Nove Muse e le Tre Grazie, e Mosè, Giobbe, Giona, i Giovanni, e l'Annunziata, l'Addolorata, la Consolata... Qualche lepido esteta si potrebbe professare piuttosto devoto del Trovatore o della Traviata, credente in Madame Bovary o Madama Butterfly, se non nella *Terra Desolata*. Ma le credenze non sono sempre spiritose, Bouvard e Pécuchet vigilano, e i beni antropologici locali «non sono un'opinione».
Sarà ancora polemica? Speriamo, signora. Tutti al centro dell'Immacolata, per la sfilata. Si raccolgono firme, vouchers, tickets, chips, tips, per il concerto e la fiaccolata.

... Instant madeleines tipiche... In un ormai remoto Sixty-Four, scostando stalattiti di mozzarelle e salamelle, si entrava solitari all'Abbazia di Fossanova... Ma mentre ci si avvicinava al letto di morte di san Tommaso d'Aquino, in una cameretta minimalista come in tutte le *Bohème* d'allora, ecco lontanamente un clic o trac (volgarmente 'proustiano') di inopinata Belle Époque salottiera, con tanti impressionisti e qualche postimpressionista fra palpiti e fremiti di ventagli e velette immaginarie. Petites phrases, vibrazioni, Vinteuil, Verdurin o Villeparisis flagrante? Franck, Fauré, archi evocativi e un pianoforte blandamente interrogativo, fra tenui riflessi di sofà e tendaggi e dorature sbiadite, puramente mentali...

Avvicinandosi al suono (era un Festival Pontino d'altri tempi), dopo sale e portali con arconi gotici e sarcofagi, in un probabile refettorio molto spoglio un quintetto solitario sta eseguendo composizioni del remoto prence Roffredo Caetani, signore di Bassiano lì accanto ma vissuto e ritratto per molti anni a Versailles con la consorte americana publisher and editor di «Commerce» con Paul Valéry e T.S. Eliot a Parigi, poi di «Botteghe Oscure» a Roma con Giorgio Bassani e Eugene Walter (anche gioviale comparsa nella *Dolce vita* di Fellini). Ma non si usava ancora parlar molto di 'ekphrasis' auditiva, all'epoca, forse.

Chissà se ora, sul territorio, tutto a scalette rocciose, di Bassiano e Sermoneta, nelle graziose casette medioevali e satellitate sotto i poderosi contrafforti consunti di pietra locale, si usa ancora «stracciarsi le vesti» (magari griffate «made in China», dagli outlets) o «cospargersi il capo di cenere», come consigliano gli ecocompatibili, per sgrassare e tonificare la cute, e come del resto facevano le vecchie, usando i resti per pulire le padelle.

Qui, però, al dunque, fra dune smangiate e parchi giochi e oasi boscherecce e depositi di macchine usate ai margini delle carrozzabili consolari e ducesche, Ermade e Montelli e Bainsizze ormai indirizzi con codice postale come le tante vie Gramsci e Garibaldi e Corridoni e Minzoni e Mazzini... «ma che ci facciano il piacere» con le innovazioni e i tavoli a medio e a lungo tra la popolare Circe e il vecchio Tiberio e l'indimenticabile Totò, «when we're eighty-four»?... «Ancora dei Massive Combat o Attack contro la *guerra*? ma non c'erano una volta i vinili sul Carso, dalla Vedova?»... Sul campo sport degli elettori pontini, poi, chissà come verran recepite le rockettate del 1° Maggio 2008 nei teleschermi senza satellite in memoriam a San Giovanni delle morti bianche sul lavoro torinese, celebrate non da figure o eredi della Resistenza e dell'Azionismo di lassù (dei Galante Garrone, dei Passerin d'Entrèves...), ma da smandrappati e sgallettate punk-funk, afro-cult, tribal-fuck, stereo-pissed, video-shit... Come del resto l'agonia e morte dell'indimenticabile Wojtyła – «santo subito!» – veniva festeggiata dalle chitarre dei papa-boys, con soddisfazione dei perfidi relativisti. Che auspicano un nuovo avvento di ragionieri e geometri in maglione e mimetica, con chitarre elettriche e sottoprodotti sotto-Sanremo, per gestire lo sputtanamento dei Vangeli, del Sanctus, ecc.

Una finalmente seria Analisi Territoriale e Comportamentale sulla no man's land traboccante di borghi e industriette specimens di innumerevoli industriosità italiche protese da Pomezia e Aprilia nel mondo (e ivi includendo Formia e Fondi, *olim* altra pagina) forse potrebbe riguardare anzitutto i contributi e i preventivi per gli enti locali. Apparentemente, in questo aprile-maggio elettorale e freddino e non ancora turistico, i soli tavoli nei ristoranti ostricari della costa (a parte i banchetti di venditori automobilistici negli alberghi vuoti) paiono i coperti del lavoro serale con assessori e dirigenti e dossiers e delegazioni, e planimetrie e computer e telefonini fra i piatti e bicchieri. «Due diligence» o «core business»?

Aste, appalti, preventivi, concorrenti, blocchi, partite doppie, tavoli diversi, cugini dei primari, buste gialle, cambiamenti che devono tener conto degli equilibri locali e provinciali e regionali già su corsie privilegiate per le addomesticate o contestate attribuzioni, impazienti liste d'attesa con le precedenze per i lucrosi incarichi.

Macché conversation piece proustiana o kafkiana o liberal tipo *A Passage to India*, nelle rotonde sul mare. Fra i nativi, tutto un «sapevamcelo» dai Borboni e i Pontefici al Littorio al PCI all'oggidì, sul concreto territorio.

Altri tempi, quando d'inverno le importanti coppie clandestine romane pernottavano negli alberghi sulle dune, e d'estate sulla spiaggia deserta davanti al 'Volpaeum' ellenistico (opera di Tommaso Buzzi, «faites-moi une petite folie grecque», era la commissione) il maggiordomo della contessa Lily suonava una tuba in tight quand'era pronta la colazione fra scenografie alla *Oedipus Rex*, mentre alle trattorie 'Novecento' s'incontravano Irene Brin e il console Gaspero, con zebre-tappeti e avanguardie astratte a casa, e nei giardini sotto la Torre Littoria i marinai vogatori disponibili in ogni stagione, con Lorenzo Tornabuoni che amava dipingerli durante l'allenamento canottiero. E l'eccelso gallerista Liverani li esponeva nella Torre Astura affittatagli da Steno Borghese. Dopo il celebre giraggio lì sotto della madornale *Cleopatra* con Liz Taylor e le battaglie navali fra le galere d'epoca, ove Giulio Cesare all'ora del cocktail si versava cubetti di ghiaccio nel drink da conversazione, lei davanti al tramonto affermava «mi sento romantica stasera», e varie dame romane affettavano di contentarsi del cestino della troupe, e poi procedevano a infilar le dita fra i pepli delle cortigiane minori. L'indimenticabile Filippo Sanjust rendeva plasticamente il sussulto delle comparse pratiche ma sorprese, quando una «ditona» arrivava decisamente al punto.

Poca attenzione attuale, però, al Circeo, per una Plebe locale evidentemente scarsissima, quindi non eccitata da Circenses o incoraggiata a riprendersi cittadine piccolissime, con un solo centrino pedonale, esaurito dalle poche macchine in sosta autorizzata da un vigile e una vigilessa che conoscono quasi tutti per nome o ahò.
Allora, aprendo un tavolo (ma non basterebbe un tavolino, al bar sport?) con dibbattito da weekend su questo «campo largo» di vecchi sabati fascisti e notti bianche tiberiane o civiche – ma senza «fiumi carsici» o «strade in salita» – varrà la (cosiddetta) 'pena' di 'rivangare' quelle antiche solfe sull'impero romano e il saluto romano, sempre così attuali sul territorio? Vintage o Revival o Flashback – o Dialogo da bar tra uno Sfaccendato e un Faccendiere – circa la quantità di fasci littori scodellati dalla Rivoluzione Francese e dal Risorgimento nostrano, con picche e scuri e tutto, negli emblemi di tante Repubblichette italiche antipapaline e giacobine effime-

re, e poi su questi balconi autarchici 'a sarcofa-go'. Remoti (si fa per dire) da ogni summit, ker-messe, movida, seminario, branco, tavoli e tavo-lini aperti per il valzerino di poltroncine e stra-puntini di potere sul campetto locale ove si esul-ta dopo averlo messo in rete a 'quelli'.

Un aperitivo o un digestivo, al tavolino? Con ghiaccio? Che afa. Ora, diciamo, il classico «Ave Caesar» col braccio teso, anche sui bassorilievi e i sarcofagi, benché più antico dell'Ave Maria in pittura, sarà un «body language» diventato con-trolegge e controtutto, dunque va punito con sanzioni come i motorini contro i sensi unici e i semafori rossi e i vigili con la paletta. Anche co-me i parcheggi abusivi, le soste trasgressive, i gipponi contromano, i bonghi notturni a tutto volume sotto le finestre dei lavoratori e precari. Nonché le proteste e contestazioni dei residenti contro le pallonate e bottigliate a tutta birra, nei sabati con molto movimento di sfoghi giova-nili, populisti, studenteschi, sportivi, turistichi, alcolichi.
Negli anni Settanta, il territorio stava più zitto, malgrado i «vaffa» accumulati sotto casa, quan-do i labrador domestici lappavano il sangue uma-no sparso dagli ammazzamenti sui gradini. Sus-seguentemente, a Milano ma certamente anche altrove, gli architetti e modisti abitanti nello chic firmavano contro le cancellate che avrebbero chiuso i parchi delle siringhe alla 'gente', cioè agli spacciatori da giardino, e ai loro clienti da tutta la regione con triple file strombazzanti. E anche per evitare che i caratteristici punkabbestia

senza più cespugli si accampassero e cacassero con gli animali sui loro gradini.

Ma poi, altro che tendere o flettere il braccio, come nei bassorilievi, quando attacca il nostro attuale inno nazionale. Benché Gran Croce della Repubblica Italiana e Ambrogino d'Oro comunale milanese, farei come i calciatori nelle partite internazionali, quando ci tocca uno slogan di evidente destra come l'imbarazzante «l'Italia s'è desta»?
E del resto, quale Presidente della Repubblica potrebbe muovere le labbra su «dell'elmo di Scipio, s'è cinta la testa», dal momento che Scipione è l'Africano, e un Gheddafi potrebbe recepirlo come un'interferenza o uno sfottò? Mentre «dall'Alpi a Sicilia, ovunque è Legnano» farebbe ovviamente il gioco della Lega.

Ho avuto il piacere di conoscere diversi Presidenti. Saragat, ai tavolini di Via Veneto con Pannunzio e Patti e De Feo e Vittorio Caprioli, se qualcuno di loro accennava a qualche brasseur d'affaires nel mondo politico, sorrideva: «È un tipo balzacchiano... molto balzacchiano»... Sandro Pertini si curava molto dell'eleganza: andavamo dagli stessi sarti Padovini, in Campo Marzio, con le foto nostre e di Tino Buazzelli nel salottino, e lui amava confabulare sui dettagli dei revers, delle asole. Una sera, al Quirinale, sento due dita che mi frugano nel colletto, dietro. Era la mano presidenziale. «Voglio controllare se porti il papillon già fatto». «Mai me lo permetterei, venendo qui da Lei». E lui, ai cortigiani un po' allibiti: «Quanti di voi se lo sanno annodare davanti allo specchio, ogni volta? Eppure è facile come annodarsi le scarpe, io lo faccio in un minuto, anche al buio!»... Cossiga, balzando sportivamente sull'ascensore di casa Scalfari, e presentandosi allegro a Inge Feltrinelli; poi, più stanco, ma in ristoranti sempre eccellenti... Ma davanti a quali di loro, o a qualunque loro successore, ci si sarebbero mai permessi versi come «i bimbi d'Italia si chiaman Balilla» o «stringiamci a coorte, siam pronti alla morte, l'Italia chiamò»?

Sembra roba per covi ultrà, autogrill con manganelli, curve sud patriottiche con bandiere italiane vendute dagli extracomunitari ai semafori... Ma se qualche Autorità, invece di «acqua in bocca» come i calciatori, cantasse parole simili in viva voce e in diretta, potrebbe incorrere in denunce e dibattiti anche più vibranti che per un saluto romano o un gestaccio a un 'evento'?

Commemorazioni e concelebrazioni... A primavera, nell'Agro Romano, le «arroventate veglie elettorali» devono essere state un «Aprile, dolce dormire», nella frescura, accanto alle vaste serre che creano un «effetto serra» per le primizie e la 'vignarola'.

Ma alla vigilia delle elezioni, alcuni salotti romani infaticabili, disgustati da capi e capetti che si disputavano su deplorevoli battutine e starlette (senza idee sull'imbarazzante situazione dell'Italia in Europa, malgrado i sarcasmi della Stampa Estera), si trovarono nella famosa impasse dell'Asino di Buridano. Un celebre esempio di coglioneria. Morire di fame per non saper scegliere fra due mucchi di fieno analoghi, o tra due ristoranti senza stelle intitolati ai Due Forni? Ma quando mai. Ma va là. Dunque là o qua si deliberò, malgrado le diverse dichiarazioni a tavola, di votare un gruppone alla Camera e l'altro al Senato, tanto per far fronte (in quanto élites) alle due meschinità egualmente impresentabili, ma solo fino a un certo punto.

Nel calduccio della cabina, però, qualche politologo irriverente e incline al marameo si ripeté se non fosse piuttosto opportuna e trasgressiva la 'provocazione' di votare smaccatamente Sarkozy di qua e Merkel di là. Così, ben vi sta! E così, sbeffeggiati e compatiti dai Prestigiosi Corrispondenti Stranieri in quanto popolazioni coloniali per niente 'correct' e prive di testate altrettanto prestigiose, anche nella provincia nostrana profonda si votano venerate icone locali come Totti e Jovanotti: tanto più che i turisti forestieri in roulotte sono famosi soprattutto per la loro tirchieria nei centesimini per un caffè non macchiato al banco. Già, ma se qualche antitaliano abbiente fosse anche controcorrente e magari irriverente, nei salotti o campeggi, o sui Colli, fra gli autorevoli applausi dei Grands Commis e delle Alte Cariche in blu con auto blu e decorazioni altissime e mogli pettinatissime: battimani compatti dopo il primo tempo di qualunque Terza e Quinta o Settima di Beethoven, nelle solennità cerimoniali...

Simultaneità, compenetrazioni... Chissà poi perché, proprio in questo 2008 – un quarantennale tanto significativo per molti –, una Primavera così dedicata alla Bellezza?... Vintage?... Neo-?...

Post-?... «La forza del Bello» a Mantova, «La cura del Bello» a Ravenna, «Ci salverà la Bellezza» come logo alla Fiera torinese del Libro, «Beauty» quale tema della Biennale Danza veneziana e in tante Mostre ed Esposizioni e Rassegne e Saloni e Festival pieni di interventi e dibattiti sulle tecniche del Bello, il Bello fra Etica e Arte e i Greci e gli Etruschi, il Bello nel Ballo, addirittura la Bellezza del Corpo... Malgrado le moltissime bruttissime creature che pullulano soprattutto fra le manifestazioni e le presentazioni e gli eventi?... E non più i soliti «Canto la rabbia, danzo l'ira, suono la collera, dipingo la bile, scolpisco il fiele, fotovideo la stizza, architetto il dispetto, scrivo e riscrivo il Furore e il Führer, mi faccio pagare carissimo il Terrore, ve lo do io l'Horror...».

Ma davanti a quante opere e operine contemporanee e coetanee d'arte o letteratura o musica o spettacolo o 'body' si potrebbe ancora esclamare «arrestati, sei bello!», con criteri condivisi fin dai tempi dei tempi, come davanti ai famosi Attimi o Corpi Fuggenti?

... Fine a se stessi?... Limitati all'Antico?... O in controtendenza, dopo l'epocale cacciata della Bellezza da tutta l'arte contemporanea «fine al mercato», e la sua rimbombante assenza dai culoni sfasciati per strada, e dagli abiti e capelli smandrappati e zozzi anche nella pubblicità dei cosmetici? Non sarà piuttosto à la page un qualunque discorso sulla Bruttezza, di fronte a tante persone ed opere che suscitano spontanei «che schifo!» secondo la tendenza di Tina Pica?

Brutti tempi? «È la stampa, bruttezza?». Siamo ricaduti nel passato? Che strazio? Ai miei tempi, anche la verdura era più buona! Lo si sente ripetere dai tempi dei Guelfi e Ghibellini, vero?

Alternative, altalene, provocazioni, repressioni, censure, nostalgie tra il «non dimenticare» oppure sì. Ricordare?... Ricordanze... Rimembranze... Remember... September...

Nella memoria, fra gli inopinati corsi e ricorsi, malauguratamente si blocca ancora quel nostro sventuratissimo dopoguerra, tra fame e macerie e miserie, parecchi parenti caduti sui vari fronti, o nelle città bombardate e mitragliate con migliaia di vittime; e risparmi azzerati. Come i ricordi risorgimentali. E le case distrutte, con tutti i souvenirs.

Dopo la festosa primavera del '45, nella generale disfatta italiana, «Per non piangersi addosso davanti ai bambini», e «Per non ricascare nel tristanzuolo Ventennio», anche le famiglie più colpite lasciarono perdere la retorica patriottica delle adunate e sfilate di vedove e orfani di guerra in divisa con mutilati e reduci e gagliardetti e labari e cappellani militari e corone d'alloro e appelli ai defunti con cori di «Presente!». E gli incessanti pellegrinaggi scolastici di Balilla e Avanguardisti e Piccole Italiane fra ossari e sacrari (soprattutto Redipuglia, un *must*) con fiaccolate e parate e messe al campo e inni al Piave e saluti al Duce e vibranti discorsi dei Federali e Littoriali per esortare i piccoli alle armi nelle battaglie e lotte «in trincea».

Nemmeno la pia consolazione (in una memoria compulsiva e vittima) di rigovernare ogni mattina i lumini e i fiori al cimitero: varie salme non furono ritrovate, soprattutto in Russia e in Gre-

45

cia. Così, fra i superstiti, alle spalle delle illustri scene fra De Gaulle e Adenauer sul Reno, e in vista di una probabile terza guerra mondiale, «interiorizzare il Sofferto» fu una decisione generale e tacita, del resto analoga nelle Grandi Potenze. Ovviamente, per evitare che i piccini «crescessero come l'altra volta», con l'ideale del rischio e pericolo e delle medaglie in base ai nemici ammazzati. Oppure diventassero casi clinici, fraticelli gemebondi o teppistelli con la pistola, in un mare di libri e giornali pieni di geremiadi e piagnistei sulle stragi. Tale «stoicismo, volere o no» veniva biasimato da certe vecchie zie tutte-cuore-e-lacrime ma senza figli che caldeggiavano un pianto vitalizio, giacché gradito a un Signore «luguberrimo» come loro. Costituiva però un'alternativa di sopravvivenza – come il «Domani è un altro giorno» in *Via col vento* – fra le rimembranze commemorative con lapidi e cippi e decorazioni e allocuzioni «per non dimenticare», e le dimenticanze forse provvidenziali. Senza i danni delle storiografie più o meno malevole che ripropongono in seguito le peggiori icone nazi-fasci-sovietiche agli zombies allevati nel *cult* trasgressivo di qualunque provocazione impietosa contro gli scomodi adulti 'correct'.

Altro flashback. Primavera '68. L'Immaginazione al Potere Cinese. Tema collettivo: «Sui lavori agricoli e risaioli in Shantung e Szechwan a cui obbligatoriamente adibire le più impegnate avanguardie rivoluzionarie culturali dei pensatori mandarini e cittadini, con particolare e corretto riguardo ai gruppi e brigate di lotta rossa e intervento combattente intellettuale e ideologico e manuale estremo».

E i più impietosi: «Una risaia vi seppellirà!».

E qualche irriverente: «Le tigri di carta aprono il fuoco sul quartier generale dei mille fiori in disordine sotto il cielo e il culo» delle rivoluzioni culturali! Colonnello, non voglio pane, voglio fosse comuni! Morire tutti e subito in un triangolo o pentagono della morte, per la Dalmazia e l'Alsazia! O per la Comizia e la Jacuzzia? Hasta la vista, siempre siempre?».

«Okkupato!». Kuaranta e più mitici anni dopo il favoloso '68. «Avevamo occupato à gratis tutti i cinema e i teatri e le mostre e i premi e le immaginazioni e i posti».

E mo', «Oggi il mio cuore è pieno di nostalgia» sarà una bobina storica d'altri bei tempi magggici all'Excelsior, negli archivi Rai o Incom.

Ma alla Mostra veneziana del Cinema di questo 2008, viene ovviamente da ridere alle commemorazioni dei 'fatti' di quarant'anni fa, cui ancora si abbarbicano (come al Sabotino e ai Coni Zugna di ieri e di Sabaudia) intere esistenze di reduci o caduti, senza molti altri flashbacks sottomano. Fra colossali galà e gazebi, eventi, sbarramenti, tappeti rossissimi, reticolati, staccionati, aggettivi più che superlativi per ogni abito d'autore, infiniti spazi per, centinaia di poliziotti, carabinieri, controllori, verificatori, volontari, cinefili assatanati e regolarmente bruttissimi, piccole fans accampate e aggrappate alle transenne per emettere strilli a qualunque passaggio... Ci si può domandare, ovviamente: quanti plotoni o battaglioni di contestatori ci sarebbero voluti, nel Sessantotto, davanti a una piccola o piccolissima parte di questi innumerevoli agenti, collaboratori, pubblicitari, galoppini e toilettes in tacchetti e cani fiutatori fra immensi padiglioni e percorsi e occlusioni e tappeti e pedane e merchandising di gadgets e suppliche per scatti e autografi...

Ma ci viene soprattutto chiesto, dai più giovani: contro quale Potere o Sistema venne tenuta la famosa Contestazione (non lo sa più nessuno), e mai Una Risata o Risaia Che Li Seppellirà – come da slogan?

Contro il Festival e i premi ai film? Allora bastava abolire tutto il baraccone, e si tornava al Lido poetico di Thomas Mann. O piuttosto contro lo Stato, il Governo, il Ministero, che sovvenzionano tante porcate cinematografiche e faccendiere? Coerenza e congruenza, allora: andare sempre meno al cinema, per non dar contributi alle Ideologie, alla Mercificazione, alla Manipolazione, alla Volgarizzazione, all'Alienazione. E perché no, alla Noia.

Certo, si trattava di una contestazione settoriale, corporativa, esclusiva, da privé. Già ci si chiedeva, allora: perché non confutare anche il Premio Campiello, i successi, i bestseller, i grandi produttori e distributori di film, i galleristi venditori di avanguardie commerciali, le manifestazioni di musica contemporanea noiosa, il business della moda alta o bassa, le agenzie di pubblicità consumistica, i tavoli verdi capitalistici al Casinò? Alla Biennale d'Arte, in quel medesimo Sessantotto (tank sovietici a Praga, mattinate e odi a Valle Giulia, dimostrazioni per il Vietnam...), ricordo Gastone Novelli e altri artisti che voltavano i loro quadri verso il muro o li ricoprivano con fogli e cerotti, fotografati da Ugo Mulas sotto lo sguardo soddisfatto di Ungaretti sostenuto ma cadente, in baschetto, fra Buzzati e Piovene, Nono e Vedova. Oggi sarebbe impossibile biffare gli enormi allestimenti già prenotati da oligarchi russi e sceicchi arabi e miliardari cinesi, malesi, coreani, forse anche vietnamiti...

E certo, se ora si chiede in giro chi era Marcuse, anche i meno vecchi qui non lo sanno più. Caso mai, rispondono: che film ha fatto? Se poi ci vengono a domandare quale bel libro o film sia uscito da quei movimenti, non si sa cosa dire. Rimangono semmai dei buoni ricordi, ma sono del Sessantasette, l'anno dell'*Edipo* di Pasolini, *Belle de jour* del premiato Buñuel, *Lo straniero* di Visconti. Colazioni di Inge Feltrinelli in spiaggia, con Moravia e Susan Sontag e Carlos Fuentes in giuria. E gli ultimi grandi balli in costume con Liz Taylor e Grace Kelly che arrivavano ritte in piedi sulle gondole anche sotto le pioggerelle, pettinatissime e regali accanto ai mariti acquattati, fra le imprecazioni dei motoscafisti e gondolieri nei bailammi sotto il Palazzo Vendramin Calergi o a Ca' Rezzonico.

Kazzi e Skazzi, over and over, ora? Abbiamo per l'appunto or ora smentito le battute de stamattina e le esternazioni de ieri sera, doverosamente corretto le illazioni della settimana scorsa, chiesto ampiamente scusa per tutte le straggi maggiori e minori dall'Anno Mille in seguito, anche se non ancora notificate a codesto ufficio entro i prescritti termini.

Memo e Super-Memo. «A dir poco singolare» o «per lo meno curioso» devono rimanere il plus della vis polemica. Altro che intrigante o inquietante o inquinante o sconcertante o graffiante o devastante o delirante. Contro i peggiori avversari, si scagli «l'ineffabile». Il 'più deteriore' fra gli epiteti sarà tuttavia «il signor», per l'utenza nostrana. Nei paesi che ci dànno continue lezioni di giornalismo e politica, e a Strasburgo o Bruxelles, si dice e scrive normalmente «Mr Blair» e «Monsieur Chirac», finché sono viventi. Per indifferente buona educazione e consuetudine. Invece, «il signor Veltroni» o «il signor Berlusconi»? Sprezzante. Spiazzante. Sgonfiante.

Bello Scrivere, e Bella Copia. Secondo l'aggiornamento dei manuali per scribi, mai presentare già nelle prime righe il tema dettato o scelto, con tutti i vari Chi, Dove, Quando, e il Perché e il Percome. No. Aspettare invece due o tre capoversi (almeno), prima di lasciarsi andare a un «stiamo parlando di» agli eventuali curiosi sopraggiunti. Anche ribadendo: «Sì, perché...». O tagliando più corto: «Prendiamo atto». Come negli atti pubblici, nelle cancellerie del registro. O ancora più tranchant: «Riteniamo bizzarro». Possibilmente, però, riusando la furbetteria dell'«Ah, dimenticavo che»: sempiterno pistolotto delle letterine 'spiritose' che 'ringraziano' le ferrovie o le poste per qualche disservizio. Suscitando l'intramontabile motto «A un coglione così smemorato, ben gli sta». Ma per i pistolotti finali, ecco una sopraffina ciliegina: se risultano più persuasivi con l'aggiunta orale e gestuale di un «signora mia», allora sarà veramente «la morte sua».

Attenzione ai «Confesso che...» e «Alludo a...». Sta per arrivare una stronzata.

Nelle interviste: «Si spieghi meglio». (Provate a dirlo in una scuola). «Incalza». (Veramente, stavo dormendo).

«Prestigioso!». Il più abusato aggettivo reverenziale va sistematicamente e automaticamente preposto a qualunque testata e università e istituzione del Prestigioso Estero, in qualunque giornale nostrano. Mai e poi mai si troverà, reciprocamente, su qualsiasi giornale straniero, a proposito di colleghi o consorelle d'Italia, «coloniali per definizione», ancorché sarti e cuochi magistrali e caratteristici. Non per niente, la nostra micro-colonialità estrema giammai giunge a definire «prestigioso» o almeno «prestigggioso» (con tre 'g' orali in tv) un giornale o ateneo o personaggio nostrano, e mai indicato così, nemmanco dai più sputtanati Organi Esteri.

L'Impaginazione al Potere? Ancora! Una Impaginazione vi seppellirà! Di bel nuovo? O invece tiramisù, nell'ambito del quadro, della cornice, della carrellata, del mosaico, dell'affresco, del rinfresco?... E l'Imaginifico, in un Immaginario di Masse e Potere, con Élites ellittiche, eclettiche, lucciole leaderistiche senza lanterne rosse ma con menu cinesi di moltissime pagine?... Give

51

Peace a Chance. Lottiamo armati per la Pace. Ara Pacis, ecomostro fascista: demolirne due o tre parti. Pax e Pacs Vobiscum. Giuste rabbie. Collere del Colle, e di numerosi collegi. Vie d'uscita. New entries. Immutati i vertici. Nuove spaccature. Nuovi rinvii. Sfiducia. Slalom. Sintesi. Fiasco. Cartine di tornasole al vetriolo. Sushi al cetriolo di tendenza. Graffiti omologati sul cilindro dell'entomologo e sulla lente del prestigiatore. Boia, sui muri. Nuovi riti dell'aperitivo al testosterone macchiato. Nuove birre dissacranti e antichi sapori irriverenti in wine bars provocatori, con happy hours impietose e scomodissime. Bollicine adrenaliniche. Spa «rapite in ecstasy». Globalizzazione di reti, rate, rave, racconti e romanzi. Stili di vita veramente più giovani. Famiglie che non arrivano alla fine del mese, e una quantità di pubblicità di industrie del lusso per una top class evidentemente abbondantissima. «In cotanta miseria, la patrizia prole, che fa?» (U. Giordano, *Andrea Chénier*). 'Livelli di' non meramente estivi. Abbandonati due o tre tavoli. Chiusi vari tavolini. Mobilitati pullman e biciclette in tutto il Paese.

Intanto, a Napoli, nel candido museo 'Madre' ove qualunque finestra dell'immacolato interno offre straordinarie 'inquadrature' neorealistiche o iperrealistiche sugli adiacenti 'scorci' di tradizionali miserie molto caratteristiche ed estremamente 'estreme', ecco le celebrate pitture di Georg Baselitz con le tipiche figure «gambe all'aria», come capovolgendo sistematicamente i Salvator Rosa e Pintoricchio e Sebastiano del Piombo nelle esposizioni stagionali contemporanee. (E come negli antichi couplets di successo di Garinei e Giovannini: «Nel mondo rovesciato – Benassi s'è sposato», mentre «Arturo Toscanini – rientrato nei nostri confini – dirige, e questa è bella – l'orchestra Sirenella»). Ceffi con baffi e baffetti, tipo Hitler e Stalin, spesso ribaltati e invertiti... Mentre a Milano, nell'esclusiva Bovisa, «Mao, che i mille fiori fioriscano», viene mostrato come sardonica gomitata teutonica da Anselm Kiefer ai nostrani intellettuali «scemi-scemi» che mezzo secolo fa pilotati in coro in Cina cantavano gli encomi dell'atroce Timoniere.

Spontaneamente, quindi: fra Napoli e Milano e Roma, quali figure nell'Italia d'oggi reggerebbero trattamenti analoghi, invece d'una vignettistica da lazzo e strapazzo o stracazzo?

A pranzo con Metternich. «Come nel XIX secolo. Le potenze colonialiste cercano di impadronirsi dei beni necessari che non possiedono. Ma stavolta bisognerà comunque trattare con i governi e regimi locali. E per discutere un prezzo sostenibile del petrolio dentro e fuori la Russia converrà comunque trattare con la Cina. Naturalmente resta insensato voler imporre la democrazia per forza a tutti i paesi che non ne vogliono sapere. Oltre tutto, alla lunga, i popoli si rivoltano contro i governi che fanno poco o niente».

MEMORIAL

«Ben venga Maggio – e 'l gonfalon selvaggio»
(A. Poliziano).

«I primi fanti, il Ventiquattro Maggio» (E.A. Mario).

«O mois des floraisons mois des metamorpho-
ses – Mai qui fut sans nuages et Juin poignar-
dé – Je n'oublierai jamais les lilas ni les roses...»
(Aragon).

«Quando di Maggiuo – le ciuiluiegiue sono ne-
re – con che piaciuere...» (O. Spadaro).

Nel lontano Maggio 1968, quarant'anni or sono, l'insistente slogan «Una risata vi seppellirà»
non corrispondeva per niente alle grinte truci-
de senza neanche un sorrisino degli sloganato-
ri. Con spranghe e sbarre e passamontagne anche estivi in vista dei molti ammazzamenti imminenti non somigliavano affatto ai figli dei fiori lisergici e 'nel pallone' di quella San Francisco ov'erano nati quei vari movimenti (poi
«rotolati in Europa»), e dove fra parchi e università e locali poi celebri si vissero 'anticipate'
e beate e nuovissime parecchie stagioni delle
medesime tendenze allo stato nascente.
Ma quando e dove mai, nelle cupe università
milanesi e torinesi e romane strette e schiaccia-
te in tetri quartieri soltanto urbani e tramvia-

ri senza 'campus' o prati, si potevano ritrovare quelle pacifiche pletore gentili di famigliuole allargatissime sull'erba sconfinata con paparini 'stonati' e mammine ventenni già obese in gonne lunghe fiorite da pioniere alla John Ford e bambini liberi di giocare con la cacca fino ai capelli in un picnic continuo di comunità aperte a tutti i venti... E le macchinate maschili del sabato sera on the road – la fatale «statale 101» con cessi benzinari battuti da pompinari autoctoni e autentici, senza americanisti/e – verso i festosi motel di Monterey e Carmel e altri mitici luoghi di John Steinbeck e Henry Miller. O verso i più fuggevoli «gay rodeos» a Reno, Nevada, ove in camicie da boscaioli e cappelloni di paglia si applaudivano le acrobazie sventolanti sui cavalli al galoppo in elmi e costumi antichi romani pecorecci alla De Mille...

La notte in città, dopo le mattinate e infiorate pacifiste militanti a Stanford o Berkeley, e appassionati drinks e tramonti in strade con nomi struggenti come Embarcadero o Divisadero o Presidio, ecco i narghilè fumanti accanto ai pentolini di cere bollenti per piaceri ancora inediti nei capannoni già industriali abbandonati e riattrezzati «in full squalor» lungo la sensazionale (allora) Folsom Street. Gran varietà inventiva di 'toys' artigianali spontanei e non già poi standard presso i tanti successivi negozietti dei vecchietti sopravvissuti all'Aids in cuoio e borchie e patacche del déjà vu.

Epoche quasi 'geologiche', prima delle annose retoriche e magliette rock sulla Grande Mela e sulle camionate a zonzo nel Grande Paese:

quando il «ritmo della galoppata» nei western e musicals e balletti americani (come in Aaron Copland, nelle colonne sonore degli innumerevoli 'OK Corral', negli scoppiettii leggeri dei 'poppers' fra i corridoi e le docce insonni in ogni 'YMCA') si confrontava al passo romano delle quadrate legioni sull'Appia grevemente acciottolata di Ottorino Respighi.

Poi, magari, tuffi al cuoricino per ogni menzione di indirizzi apparentemente onirici o da Hitchcock ma anche sulle pagine gialle di San Francisco: Golden Gate, Palo Alto, Alta Plaza, Buena Vista, Mission Dolores, Barbary Coast, Pacific Heights, Telegraph Hill, Julius' Castle, Castro Village, Coit Tower, Cannery, Potrero, Ghirardelli, Fairmont, Alcatraz, Finocchio's...

In quei mesi romani invece attraversati senza viverne memorabilmente i 'cult' sessantotteschi celebratissimi già da 'live' – una Valle Giulia mitizzata come tutto Garibaldi o come la Piazzetta di Capri perché «c'erano tutti» – non si percepivano «prese di coscienza» più o meno analogamente impegnate circa la Primavera Sovietica di Praga, remota e attutita benché in contemporanea anche telegiornaliera, con carri armati più che 'epici' contro quei cortei giovani. (Altro che la Presa della Sorbona, o le barricate sui boulevards della Rive Gauche, con sputtanamento definitivo e repressivo di mitiche 'pissotières' sfrenate e celebrate fin dall'epoca di Saint-Saëns e Proust, ma superstiti grazie a una dissimulazione onesta *bien parisienne*).

Un'impressione di Festicciuola Mobile: tutti al Flore e da Lipp con baci e abbracci durante quel Maggio. Poi («anche tu qui?») fra il Sacher e i caffè viennesi, brindando ogni sera agli impegnati italiani respinti in giornata da ogni frontiera e barriera giacché mai single di basso profilo ma presentandosi ai blocchi quali gruppi di tipici intellettuali italiani tesserati e imbandierati con qualche ragazza di complemento.

Non per nulla, generalmente, i commenti sui 'tank' sovietici apparivano ovattati e felpati (pareva più vicina la Cina o l'Indocina, malgrado l'uso più frequente dello spagnolo: puerto, fuego, muchachos, compañeros, Paco, Pancho, Pablo, Pedro, saludos...), sia nei comitati e organi direttivi sia fra i passamontagne e felpe di tendenza, con caratteristiche ex-signorine snob alla Franca Valeri ormai 'attempatelle' colpevolizzate e pentite: dunque umili serve dei ciclostili occupazionali; o devote riempitrici di mega-frigoriferi salsamentari e clandestini con vista su Campo de' Fiori e Giordano Bruno. Per ricercati occultati in procinto di eseguire uccisioni, rapimenti, furti, marchette, documenti assembleari di centinaia di pagine, ineludibili giacché verbalizzati a più mani durante infuocati dibattiti. Vaste e minuziose analisi, anche sul Vietnam, altro che agili volumetti. Senza nessun «onorevole, o avvocato, la prego di concludere», come nei tribunali e parlamenti. Anzi, dopo tre quarti d'ora di proemio: «Ma se non ho neppure incominciato a esporre il mio pensiero». E i cittadini comuni: sapranno – i nostri nuovi intellettuali demagoghi –

far funzionare un po' meglio i treni pendolari, gli ambulatori, le scuole, gli asili, le cliniche, le linee dei bus?

En attendant, si discorreva preferibilmente delle immersioni post-Adorno e para-Benjamin negli snobismi del Masscult, nelle critiche Kitsch del Kitsch, nelle parità ideologiche fra i giudizi letterari e sociologici, macché estetici. E poi, le «degenerazioni morbose» dell'Arte Seria «negatasi alle classi inferiori» in quella sua «cattiva coscienza sociale» che sarebbe l'arte *leggera*... Benché «Passeggiando per Milano – camminando piano piano – quante cose puoi vedere quante cose puoi saper... Molta gente per la via, – molta gente in Galleria» (di D'Anzi e Bracchi, anni '30, nell'aura di «Là nei Grandi Magazzini» e «Oh bella piscinina, che passi ogni mattina», inno galante alle fresche mattine e sartine di Brera, per Mario Camerini e De Sica e Saul Steinberg, non certo per Gadda o Bacchelli o Montale) già anticipasse orecchiabilmente la 'superciliosità' dei seminari sui *flâneurs* e *passages* dell'appena scoperto e molto citato Walter Benjamin. Malgrado quel Brecht che esige degli sfruttatori cattivi oggi per accumulare capitali e beni da distribuire alla buona plebe domani. Con puntuali riferimenti all'*Anima buona di Sezuan*. E risposte studentesche e intellettuali di «Viva Mao!» o «Vamos a la playa!» al semiserio interrogativo brechtiano se – just in case – non andasse magari sostituito il popolo. (Come nei programmi o pogrom di Hitler e Pol Pot).

... E circa le contraddizioni e le contaminazioni

in seno al grande popolo di Sanremo e del suo Festival?... Ecco un seminario o dibattito evitato da un 'panel' includente – secondo le adesioni o i gettoni – Adorno, Arbore, Marcuse, Foucault, Baudrillard, D'Agostino, Celentano, le Brigate Rosse, i Sex Pistols, i Situazionisti, Orietta Berti, Nilla Pizzi, Lotta Continua, Deleuze e Guattari.

Una risata! Ma quale? Ma de chi? O de che? Ma va'... Andove giravano, le grida lugubri di «scemi-scemi»?... «E se qualcuno...», prima dei telefonini, avesse puntato un paio di dita sugli astanti in genere, come si fa adesso con lo sguardo nel Nulla e il gesto animato verso l'interlocutore invisibile... P-38, Love & Peace, fiori nei cannoni, canne e spranghe, chitarre e bastoni, pistole e canzoni... Passamontagne e vie deserte e jukebox, in quel tunnel o tempo sospeso poco redditizio degli Anni di Piombo, breve interludio di strade senza ambulanti o migranti, prima che i rackets dello status quo si riprendessero l'atavico territorio dell'innata lazzaronaggine italiana pronta da secoli alle borse non sorvegliate, purché non sospete di contenere bombe e timer...
Presto, con savia opportunità politica, si sarebbero ripristinati i millenari circenses, quale passatempo diversivo per le grandi masse giovanili senza soldi che non tollerano la calda estate nei casamenti senza più ponentino, ed esigono intrattenimento gratuito all'aperto, anche «per combinare», senza carri armati o P-38 come nel '68, e indipendentemente da qualunque P-2, fra cocacola e cocomeri e borsoni pieni di borsette e magari birrette.

Più trasgressivamente, allora, si discuteva piuttosto sulle «azioni» da compiere durante le «performances» di estrema avanguardia obbligata che programmano di *coinvolgere il pubblico* contro la sacralità rituale del concerto. Lanciare monetine dell'I Ching o scartocciare cartine e bustine di spaccio, mentre il pianoforte casuale sperimentalmente giace e tace? Radicalizzare la serialità degli Inti Illimani elettronizzati con interventi di strutture Zen dal vivo? Stringere fortemente l'avambraccio, come i 'grunge' di colore, o magari le flebili chiappe, agli officianti dell'happening quando scendono a sussurrare pii mantra ai devoti, come l'ostia consacrata ai malati? (Sai che risate).

Piuttosto impegnatamente, invece, si dibatteva ancora sui mali vecchi e nuovi dell'Università italiana, soprattutto sul «Corriere». (Moro se ne lagnò con Spadolini). O si semiologizzava sui nuovi riti e miti giovanili nella boutique militante, nel supermarket attivista con le confezioni «I'm easy» per la mass culture del midcult omologato alle mode, à la Roland Barthes.
Si sorrideva con Palazzeschi e Brandi e Zeri sull'incapacità crescente di ironia e autoironia fra gli italiani. (Altro che una risata. Neanche un ghignetto, fra i tetri). E si rifletteva piuttosto sulle chances di una testimonianza 'evenemenziale' e civile a caldo o a freddo, non schierata né allineata, nel 'pelago' delle posizioni e postazioni di tendenza. Dunque tendenzialmente utile – o «dolce chimera sei tu?» – fra le documenta-

zioni di base e i sermoni domenicali, agli inevitabili storici 'obiettivi' futuri.

«Che ridere»? Mah. Forse, chissà, eventualmente, qualche sommesso cachinno, con Eco, Manganelli, Malerba, o Barthes, mentre un aspirante accademico leggeva pedantissimo ai 'convegni' un 'intervento' da pubblicare negli 'atti'.
E i soliti spiritosi: «Il Sessantotto l'ho fatto privatamente, per saltare un anno». Per le risate, solite italianate sul Sessantanove, ovviamente. Soprattutto nell'Emilia goliardica e omicida. Ma all'epoca certamente non si poteva prevedere che di lì a poco ben altro che risate avrebbero sepolto Pasolini, Moro, Feltrinelli, Pinelli, Casalegno, Calabresi, Tobagi, Dalla Chiesa, Bachelet, Croce, Coco, Calvi, Sindona, Alessandrini, Ambrosoli, Ruffilli, e tanti altri magistrati e politici e affaristi e pubblicisti, poi sommersi in bagni di elegia retorica sul «come eravamo» nei rimpianti «anni di piombo», quando una certa pubertà era ultrà di per sé; e risultò facile e cheap acchiappare vittime, aloni, carismi e posti di comando saltando le tappe nelle gerarchie e nelle carriere, portando via per sempre i Posti ai non ancora nati... Lo si era già visto nel Quarantacinque italiano, peraltro.

Senza Immaginario e senza Teorie Critiche, tra i vari viaggi e reportages, in quel Sessantotto, con Gigi Malerba scrivemmo un treatment (poi, *Super-Eliogabalo*) su un giovane imperatore contestatore e anarchico di ottima famiglia, come se ne conoscevano diversi («non pulitemi l'eskimo!», alle cameriere), con parecchie mamme fasciste fra anni Trenta e Cinquanta, che finalmente riescono a farlo fuori, con la complicità di qualche vecchia aquila romana scalcagnata e del Pontefice (l'unico a credere nel suo Dio, in un Tempio gestito da sacerdoti trafficanti con miracoli su scala industriale e sconsiderate speculazioni mafiose).

Partivamo naturalmente dalla *Historia Augusta*, con un imperatore molto minore e piuttosto patafisico, mamme «vecchie glorie» di estremo Kitsch pariolino alla Wanda Osiris e magari un po' libanesi «tutte Gotha e Ghetto», e tutte-volpi, in una Roma eterna sempre invariabile con le sue rovine e cupole e casupole e ville al mare tra schiavi in disordine e scurrili calembours. Carmelo Bene era entusiasta, fra i produttori allarmati: come per un *Principe costante* da girarsi nelle fosse dei tintori a Fez, o recitare fra dune di legno e cartone alla Mario Ceroli. Sylvano Bussotti tornò da Parigi con l'*Héliogabale* di Antonin Artaud appena uscito da Gallimard: ottimo appiglio, come il venerato *Ubu Roi*. Ma quale Artaud, o Jarry, ci si disse, avrebbe mai potuto inventare gli arredi e le toilettes dei telefoni bianchi, nei Quartieri Alti o a Sabaudia, o le mene dei monsignori affaristi, le scene e i costumi di Folco o Coltellacci, Evita Perón fra le sedie gestatorie e i flabelli nella prima tv, le canzoni del Trio Lescano e del Quartetto Cetra con le orchestre Barzizza o Gorni Kramer?

Naturalmente, nei peggiori incubi «orwelliani» – ma anche «kafkiani», a causa di Praga – si visualizzavano le facce leniniste e le labbra serrate dei nostri più notabili attivisti magistrati e pubblicisti nell'atto di entrare nella cella del collega condannato con la valigetta dei tormenti.

Così come in tante città e cittadine – e non solo a Voghera – soprattutto nel '44 si erano visti dirigenti e professionisti conosciuti e salutati da tutti che dopo decenni integerrimi e burocratici di passeggio serale si trasformavano in torturatori e carnefici efferati con bande ausiliarie e bardature e carceri di fantasia sanguinaria con belve e morti in cantina, senza neanche il pretesto di qualche Causa. E nemmeno un preavviso da parte della fisiognomica.

Insomma, comunque, ricadute locali di quell'onda fin troppo lunga, dopo lo stato nascente e rimpianto degli ultimi movimenti negli estremi Giardini d'Occidente con viste californiane sul Pacifico... E quel naïf LSD provato con tutte le procedure laggiù – materassi ad acqua e musiche e aromi e lumini prescritti e niente balconi, e tutto – e risultanze d'onde e good vibrations di colori scuri e forti come nei poster delle discoteche 'Fillmore West' e sulle copertine dei dischi, e oscillazioni abbastanza convincenti su continue metamorfosi tra Art Nouveau e Rococò e viceversa: tutto rassicurante e rilassante, ma un po' poco.

* * *

Così, intanto, si preferì addentrarsi in copiose indagini sui mistificanti o smascheranti effetti della Grande Protesta nel folto della Selva di

Teutoburgo e Tübingen, patria e matrigna di Paralipomena, Stimmungen, Vorstellungen, Dämmerungen, Betrachtungen, Charakteristiken, Gezeichneten, Trauerspiele, Logik, Dialektik, Rhetorik, Krisis, Kritik...

Ivi, all'epoca – '68/'69, appunto – si ravvisano ben più articolate e sviluppate «in grande» (benché raramente «in agile sintesi») tante pulsioni e motivazioni generazionali che anche da noi mescolano le ataviche spinte faziose e rissose a quelle cicliche tensioni muscolari che nei lunghi periodi incoraggiavano i sovrani alle guerre periodiche per falciare il *surplus* di esuberanze giovanili man mano emergenti e sbilancianti. L'attualità di un «presente intollerabile» combattivo prevale sulla storiografia del «passato indigeribile», rimosso... Fra tolleranze repressive, pessimismi scettici, umanesimi post-neomarxisti che rimestano determinismi tecnologici e fenomenologie esistenziali e narcisismi apocalittici, 'mescidando' Kierkegaard e Heidegger, Nietzsche e Spengler, Max Weber e Rosa Luxemburg (altro successo alla Che Guevara per poster e spille e tatuaggi giovanili, come del resto «Liberate Angela Davis» diventa un multiplo di stendardi sventolanti lungo l'Unter der Linden a Est, e «quanta stoffa sottratta alle camicie», ma anche un jingle diffuso nei gay-bars al West, non appena entra un 'afro' cotonato molto popolare nel locale)...
... Celebrate e prestigiose teorie accademiche e mandarine e critiche su rivoluzioni e alienazioni e liberazioni e culture di massa, elegantissime da decenni ma ridotte a interpretazioni metafi-

siche di se stesse di fronte alla trucida Praxis, ove ci si metamorfosa in autorità regressive o illuministi irritati o vati romantici-esortatori alla G. Mameli, davanti ai duri happening studenteschi che non rientrano nell'alternativa dabbene tra Rivoluzione Socialista e Riformismo Socialdemocratico, né si limitano a occupazioni simboliche di biblioteche e gipsoteche, ma suscitano sospetti di «fascismo di sinistra», offrendo il pretesto di rafforzare le controrivoluzioni di destra... Teorie critiche *im Spiel* fra Marcuse in California e Lukács a Budapest, e poi a Praga, nel solito '68 sovietico... Luminari vaganti come Gombrowicz e Butor ospitati dalla Fondazione Ford a Berlino-West, tra le offensive stradali, mentre la vedova Brecht tiene acceso il lume sovvenzionato dell'Epicità 'ne varietur' al Berliner Ensemble nella Berlino-Est.

E i giovani allora 'anagrafici', non ancora definiti 'cartacei'?
In vecchi stanzoni guglielmini sopravvissuti alle bombe, slabbrati e fatiscenti con tante cucce sul pavimento, ventenni già sentenziosi sermoneggiano. Nuova dimensione del libro, Poesia soltanto concreta, Montaggio pop dei testi, Cabaret letterario purché vernacolo, Musica rigorosamente di un tono solo, Collage del collage, Letteratura solo visuale, Poesia dei suoni, Orchestra di rumori, Concretismo lirico, Illusionismo astratto, Intersezioni di codici, Chiavi in mano ermeneutiche del *rhythm 'n' blues*, Happenings totalmente nudi a 360°, anticipando ogni prevedibile Off-Broadway...

Ai più, la letteratura non importa davvero più niente, come mi spiegava anche Giangiacomo Feltrinelli, ora interessato solo ai pamphlets di guerriglia, e non già dimentico dei parecchi libri fatti insieme, «a tavolino» e a tu per tu per i 'paratesti' (allora non ancora così chiamati), ma insofferente sulle sue antiche intenzioni anticipatrici di lanciare nelle librerie i popolarissimi «Hallmark cards» americani per tutte le ricorrenze dei giovani.

A Est, sempre il realismo obbligatorio «come la vita stessa». Né più, né meno. E in questo realismo coatto, «un romanzo sul romanzo»? Con tutti i 'meta-' e gli 'anti-'? Non sembra il caso, «es lohnt sich nicht». Ma allora varrà la pena, «die Mühe lohnt», di scrivere come le nonne moraliste e senza idee, appoggiandosi all'autorità del passato e del presente, facendo i progressivi e gli spregiudicati di oggi per entrare in un anziano Establishment di domani, con calcoli molto tradizionali e precisi di potere e successo istituzionale di massa?... E sarebbe questo il senso dello scrivere? O subentra una fortissima tentazione di *smettere*, e ottenere gli stessi vantaggi dandosi alla politica?

E a West? La 'tragedia' (si fa per dire) degli 'arrivati', come Böll o Grass, sta proprio nel loro smisurato successo fra quella sterminata *massa* di piccoli borghesi ex-proletari che loro stessi avevano proclamato di detestare, e voler magari rieducare... Quindi, eccoli nei 'cofanetti' – come Jünger o Kästner, Bruckner e Mahler – mentre i rigorosi appartamentini in serie post-Bauhaus fioriscono in ogni nuovo quartiere di chintz civet-tuolissimi, madiette falso-medioevali, divanini pseudo-rococò, idolini di Bangkok, poster di Guevara e Marilyn, Topolini di peluche, anatroc-coli di plastica per la vaschettina della doccia...

... Hitler? «Non ci riguarda più, siamo nati do-po». I padri nazisti, lasciarli perdere. La guerra perduta, i milioni di vittime: roba da dimentica-re, le università vanno ricostruite e occupate. «Shoah»: termine ancora inesistente.

Ma allora, le problematiche rivoluzionarie del-l'opposizione extraparlamentare come devono reagire in tempi accelerati contro il New Estab-lishment tedesco che ha assorbito e omologato la Scuola di Francoforte e il Gruppo 47, lo «Spie-gel» e la catena dei giornali popolari di Sprin-ger, il *Tamburo di latta* e la musica elettronico-mistica di Stockhausen, gli eredi Porsche e gli a-lunni di Heidegger, la ragazza Rosemarie e la vedova Brecht e i megaschermi rock nel salotti-no?... Mentre le supreme ambizioni per il 'do-po' veleggiano fra la presidenza federale e il su-per-playboysmo da super-yacht con tanti botto-ni d'oro sul blazer...

... E le frasi fatte atrofizzate dai media, i luoghi comuni sclerosati dalle 'propagande'? Le tesi ri-voluzionarie formulate in linguaggio borghese distruggono la rivoluzione o la borghesia o il linguaggio, si chiedono e si rispondono i nuovi adepti della rivista «Kursbuch», diretta da En-zensberger in residenza a Cuba. E per cambiare il mondo occorre dunque cambiare la letteratura, trasformandola in «forma rivoluzionaria»?

Una risata, dove? A Berlino e a Monaco, Fassbinder siede e troneggia nei locali come un tricheco aggrottato, tenendosi vicino il piccolo Armin, ex-garzoncello di macelleria a Regensburg e già molto scherzoso nel rifare il verso dei maiali ammazzati, e massaggiare con la birra le schiene amiche nelle indimenticabili notti alla 'Deutsche Eiche' (poi apparsa in tanti loro film), ma con minute cicatrici sempre più abbondanti sulla faccia. Si ammazzerà lui stesso, poco dopo il film *Germania in autunno*.

... Mentre magari certi più giovani tirano a rielaborare le eterogenee sperimentazioni post-dada (e post-surrealiste-espressioniste e post-tutto) della Wiener Gruppe negli anni Cinquanta, con Konrad Bayer e Friedrich Achleitner e Hans Carl Artmann e Gerard Rühm e Oswald Wiener – e i più abili e pratici Peter Handke e G.F. Jonke – e dietro una costellazione di fonti disparatissime: Arp e Wittgenstein e Frankenstein, e Schwitters, Poe e Nerval, Max Bense e la Stein, Karl Kraus nemico sempre attuale delle malefatte linguistiche nei mass media. E Rosa Luxemburg, tornata così di moda, con Karl Valentin, il Petrolini bavarese che insegnò al giovane Brecht le caccole dell'avanspettacolo pecoreccio, per un pubblico 'birroso' in braghe di cuoio che adorava i castelli fiabeschi di Ludwig II e il *Rosenkavalier*, quindi votò in massa il birrosissimo cristiano-sociale Franz Josef Strauss.

Allora ecco Adorno arrabbiatissimo (era il 1° Maggio 1969, morrà «di contestazione» in agosto), nella sua Francoforte ancora devastata dagli scontri e incendi studenteschi. (Ma sotto sotto, forse orgoglioso d'essere diventato un personaggio drammatico più di Hemingway o Malraux, solo attraverso l'esercizio dell'alta saggistica? Però, intanto, gli studenti che fotocopiano i suoi testi a un prezzo molto più basso di Suhrkamp Verlag, producono una dialettica assai negativa tra Riproducibilità Tecnica e Diritto d'Autore?).

«La rivoluzione si fa soltanto nella letteratura. In politica, è un'illusione. Non è un criterio che riguarda l'arte, l'indirizzarsi a una élite o a una massa. Andando verso le masse, lo si fa a spese della qualità artistica. A spese dell'immaginazione. Il realismo socialista per le masse obbliga lo scrittore ad accettare il mondo e la società così come sono, senza mai oltrepassare il dato dell'esperienza diretta. Ecco perché Beckett risulta più progressivo di quella letteratura che si pretende *avanzata* perché tenta di mettersi al passo con la realtà e la politica del momento.

«E la Teoria non è affatto lontana dall'Arte! Anzi, risulterà tanto più stimolante quanto meno si avvicinerà alla Praxis! E io *enfaticamente rifiuto* ogni censura per cui il pensiero teorico possa essere soggetto a un controllo sulla misura della sua applicabilità pratica!».

Inviperito, contesta: «Confermo – parola per parola! – la validità di quanto ho scritto già nel 1938 in *Dissonanzen*! Lì già delineavo un programma inevitabile per qualunque Pop Art futura: *Il carattere di feticcio in musica,* cioè un montaggio di elementi decaduti e decrepiti, portati a seconda vita con un'operazione commerciale di significato tutto diverso dall'industria culturale che li ha prodotti una prima volta! Dunque riaffermo: ogni progresso culturale autentico e autonomo si porta a vita soltanto fuori dalla sfera industriale in totale non-conformismo rispetto ad essa!».

L'ho annotato subito: «I emphatically contest!» – con le vene turgide e la moglie che lo incoraggiava. Momenti non privi di tenerezze: «Bussotti fa una vita serena? Cosa si potrebbe fare, per riconciliarlo con Boulez?». E fuori, una Francoforte devastata. «Venga subito!» mi aveva intimato, quando gli avevo telefonato dall'albergo, la mattina stessa.

Congiuntura editoriale assai prospera, dunque. Tutto un *cordon bleu*, ad Amburgo, grazie agli studenti ghiotti di fratture e lacerazioni e attivazioni individuali e collettive o inconsce apocalittiche, epiche, edipiche, apodittiche, teorico-critiche, dialettiche, materialistiche, anarchiche... Argenterie superbe, vini meravigliosi, salse stupende, fiori, terrine, tortiere, dame in broccati verdi-neri-oro come flaconi di Colonia 4711. Un'anfitriona mirabile: Gabriele Henkel. Champagne fra redattori illustri, come Fritz Raddatz e Günter Gaus; Erich Kuby, autore della *Ragazza Rosemarie* bestseller di ieri conversa con Siegfried Lenz autore di *Lezione di tedesco* bestseller attuale, e il romanziere hippie di successo Hubert Fichte col pittore neosurrealista di fama locale Paul Wunderlich. Il grande editore Rowohlt, su una fetta di torta: occorre tagliare adagio i rami dove siedono ancora i tristi tabù del pregiudizio borghese... E sul bicchiere: ah, le maisons di

Sankti Pauli, ai bei tempi: ho fatto in tempo a conoscere le nonne, le mamme, le figlie... Sorride la cognata Yvonne Fourneaux, diva della *Dolce vita*.

Rudolf Augstein direttore di «Der Spiegel» stappa acqua tonica per la contessa Marion Dönhoff, fondatrice di «Die Zeit» e leggendaria per la fuga a cavallo dai suoi domini baltici fino ad Amburgo, davanti all'avanzata sovietica. Ecco dunque un'occasione di immediato flashback. Da un'altra dama baltica, la principessa di Lampedusa, ci si recò a Palermo fra le periodiche occasioni del Gruppo 63, spiate e infiltrate da Moravia grazie all'amico Filippini redattore di Bompiani, col pretesto di tener d'occhio una nonna volubile di Dacia, e culminate in una doppia ascesa a Erice dei due gruppi che si sogguardavano di sottecchi, con effetti satireschi.
Si era in tre: Inge Feltrinelli con un grosso assegno per i diritti del *Gattopardo* in cinema, e un'altra baronessa baltica ippica fuggita a cavallo davanti ai russi e allenatrice di cavalli per vecchi e nuovi milanesi in Canton Ticino, Monika von Titzewitz o Titzelitz. Saliamo le scale bombardate con una lampadina appesa a un filo e un vecchio famiglio simile alle allegorie del Tempo. In nero lungo e grande borsa benché in ambienti piccoli, la principessa sta congedando una coppia ducale palermitana («une duchesse des wagons-lits» sospira adagio). Ci sediamo in un salottino scuro, e lei sottopone la baronessa a un interrogatorio su torri e castelli e ponti e parenti eventualmente pazzi in Pome-

rania e Lituania. Esito propizio. Così, per la prima volta, assisto a un'agnizione con «chère cousine!» e un abbraccio fra prosapie.

Poi tocca a me. «Per favore, mi passi quei salatini», indicandomi un tavolino vuoto. Che si fa, un gesto alla Buster Keaton? Non mi muovo. E Inge: «Se te li chiede, passali». «Se riesci a vederli, passali tu». «Ah, già, non ci sono». Poi, uscendo: vecchia psicanalista, sarà un test che fa alle famose vecchie di Palermo. Raccontandolo poi a Cesare Musatti: un cachinno, e mah, non so.

Un'altra vecchia in nero lungo e borsa in casa, eccola in una storia di Octavio Paz. A Cuernavaca con la giovane moglie, al tennis giocavano spesso con un'altra giovane signora. Un giorno piove e si bagnano, e questa propone di passare a casa sua per asciugarsi. Lì la maestosa mamma in nero lo affronta: «Un poeta? Ahà. Mi dica subito: preferisce Marinetti o D'Annunzio?». Il poeta rimane allibito: a Cuernavaca. E lei: «Ma io sono Tamara». Maledizione, non era ancora incominciata la rivalutazione universale della Lempicka. E Wally Toscanini, sentendo la storia: era una lesbicona simpaticissima e molto preparata, studiava pittura in un'ottima Académie a Montparnasse, col mio consorte e mio fratello che poi hanno organizzato la sua prima personale alla Bottega di Poesia in Montenapoleone.

La contessa Dönhoff, nel suo ufficio direttoriale alla «Zeit» (trecentomila copie, la percentuale più alta di lettori ricchi e lettori giovani). «L'abiezione morale dei nostri professori e giornalisti in quel 'breve periodo' nazista ha prodotto per due generazioni la revulsione irrefrenabile del *basta, mai più niente da fare con la politica!* Smarrendo intanto la nozione stessa di *Weltanschauung*. E la gran semplificazione introdotta dai media comunica al pubblico la sensazione che i problemi siano anche facili da risolvere in tempi brevi.

«Del resto, l'Esperienza (e dunque anche la Storia) conta sempre meno rispetto alle Cose, sempre più aggiornate. Eppure, invece di *scoprire*, si tende piuttosto a *ripetere*. Con effetti brevi: che sarà mai un sit-in di studenti a Francoforte nell'istituto di Adorno, quando produce testi illeggibili che non si occupano di letteratura né d'arte né di partiti politici, ma soltanto di contestazione globale da parte di un gruppetto?...».

... Mercificare, annacquare, depotenziare, falsificare?...

Risponde la Contessa: «"Die Zeit" è stato il giornale più importante di tutti per diffondere fra gli studenti la nuova cultura o la nuova politica tedesca, a partire dai tempi del Gruppo 47. Ma naturalmente senza mai diventare un organo di gruppi o burocrazie. E intendiamo rimanere un forum intellettuale per lettori intellettuali con analisi e inchieste per le diverse posizioni e tendenze, senza mai abbassarci (malgrado le nostre alte tirature) al livello dei mass media. Ora accusati, oltre tutto, di aver divulgato e reclamizzato i movimenti contestatori...».

Fondatore del Gruppo 47 (in quell'anno ormai fatale) e modello per il nostro Gruppo 63, quale confederazione o piattaforma di scrittori diversissimi con uguale interesse per la qualità letteraria, i problemi formali del linguaggio, la dignità dell'esperimento senza facilonerie, Hans Werner Richter si è ritirato in una villetta a Monaco, dopo una serie di delusioni e rotture. Un congresso funestato da un'invasione di studenti con violenti litigi sul senso politico dell'attività letteraria al servizio di 'lavoratori manuali' che in realtà fanno di tutto per elevarsi dal proletariato alla piccola borghesia. Un altro congresso fissato a Praga nel '68 è mandato all'aria dall'invasione sovietica. Tanti visti sistematicamente negati agli scrittori tedeschi dell'Est, e magari pubblicati solo all'Ovest. Scrittori del Gruppo che ritirano premi letterari dichiarando che li devolveranno ai movimenti extraparlamentari antiletterari...

«... E ora, chi è maoista e chi è castrista, chi socialista e chi socialdemocratico, chi riformista e chi rivoluzionario e chi anarchico. Così diventa sempre più difficile parlarci insieme, come si era sempre fatto, perché le divergenze politiche approfondiscono le differenze e antipatie letterarie. E così una politica malata fa ammalare il linguaggio, proprio come un cattivo linguaggio genera una cattiva politica. Ma intanto nessuno parla più di libri. Così, *se non si salva la forma,* una letteratura non è più letteratura, è propaganda o pubblicistica o pamphlettistica che ha perso ogni equilibrio o sintesi fra lo stile e l'impegno. Infatti, gli scrittori stanno diventando 'figure pubbliche' in quanto parlano solo di teoria politica. E i giornali e le televisioni e i rotocalchi

traboccano delle loro continue esternazioni ideologiche... Ma è letteratura, questa?».

Günter Grass, affaccendatissimo: «Un daffare
pazzesco, per la politica: tutta la settimana a Bonn
e i weekend a Berlino. Ci siamo riuniti in un
gruppo d'amici per mettere in piedi una serie di
iniziative: un ufficio, una rivista nuova, una qua-
rantina di comizi in sedi sempre diverse. Tutto in
vista delle prossime elezioni. Ma abbiamo comin-
ciato da parecchi mesi. Sono stufo di sentir parlare dell'engagement degli scrittori che parlano e
scrivono di rivoluzione senza mai agire. Ne abbiamo abbastanza di ferie prolungate e rinvii conti-
nui e speranze ridicole, come nel caso di Sartre.
Così abbiamo deciso di passare all'azione. Fare-
mo tutta la campagna elettorale appoggiando il
governo socialdemocratico di Willy Brandt. Adesso la letteratura viene per ultima. Ora m'importa
soprattutto il successo elettorale di Brandt».

Alexander Kluge, indaffaratissimo: «Stasera a
Ulm. Domani a Francoforte, per mezza giornata.
Poi un giorno e mezzo a Düsseldorf. Poi indietro
a Francoforte, non so per quanto. Dopo, forse a
Monaco. Sto mettendo in piedi un nuovo film.
Ah, il tempo che si perde negli uffici dei produttori. E la letteratura? Mah, forse più in là, nei ritagli. Adesso m'interessa partire subito con questo
film. E poi magari un altro, subito dopo».

Peter Handke, distaccato: «La letteratura mi
pare talmente fuori moda che preferisco John
Lennon. M'interessa la linguistica, la grammati-

ca, la semantica. Alla maniera di Barthes: forniscono eccellenti modelli per commedia. Come Karl Valentin: dialoghi fra persone che non si capiscono, altro che Ionesco! Totò! E strutture dispettose, con una genialità combinatoria alla Joyce, mentre il mobilio si sfascia sotto. Brecht? Non mi piace: vuole essere positivo ad ogni costo, proporre modelli di vita e società con l'aria del saccente che la sa più lunga di te. La mia posizione, volutamente, non ostenta certezze simili: insiste semmai sul fatto che *non si è poi così sicuri!* Oggi ha una posizione assolutamente chiara solo chi vuole una distruzione completa, alterazioni totali. Però ogni volta che il marxismo prende il potere, la teoria va bene (soprattutto in situazioni esotiche: Cuba, Cina...), ma la praxis no. E basta vedere questi socialisti di Brandt in televisione: sono peggio degli altri. Come scrittore non voglio far parte di nessun sistema o struttura. Se uno vuole cambiare *tutto*, smetta di far letteratura. Oltre tutto, è rarissimo trovare libri o film davvero necessari, così com'era necessario scrivere Kafka o Faulkner, fare certi vecchi film di Hollywood. Adorno? Lontanissimo. Aveva attitudini pianistiche, da compositore d'antico stampo. Ora, l'importante è averlo consumato, ai suoi tempi».

Uwe Johnson, in giacca e cravatta strettissime di cuoio nero, altissimo, rasatissimo, severissimo: «Mi pare di veder riprodotta ancora una volta la tradizionale contrapposizione fra massimalisti e riformisti. Poi, non sono affatto sicuro che debba esistere un posto speciale di 'ruolo' per gli scrittori, nella società. Che 'funzioni' svolgono, nei rapporti con le autorità, o con i lavoratori-lettori presunti destinatari di un social-realismo privo di contatti con la realtà proletaria? E quali rivoluzioni si vorrebbero fare, con una letteratura che raggiunge il tre per cento della popolazione?... Ma poi, a chi spetta dire "voi dovete educare le masse, anche a scapito della qualità"? Chi sarebbe costui? Come si permette? Si faccia avanti!... Certo, è stato tipico il lancio elettorale di Grass: "adesso che ho fama, la voglio usare tutta!". Però, tra i più giovani, per aver successo e diventare Nomi, anche con qualche librino di poche parole e molte foto di se stessi, magari nudi, pare ormai indispensabile lasciarsi crescere i capelli e camminare sui tetti commettendo eccentricità davanti agli obiettivi e alle telecamere...».

Klaus Wagenbach: «Nella Germania d'oggi si rischia di ascoltare solo la voce dell'Establishment. Una buona metà dei nuovi scrittori viene sistematicamente picchiata dalla polizia nelle dimostrazioni, e ciò trasforma la coscienza letteraria. Così i giovani autori fanno soprattutto un lavoro politico di base per informare i lavoratori, o scrivono testi nettamente politici sulla fantasia rivoluzionaria nel tardo capitalismo, analisi della stampa, pamphlets contro i giornali popolari, satira del progressismo fra gli intellettuali borghesi. Quanta brava gente dovrebbe star zitta, invece di dir la sua ogni settimana sulla situazione mondiale o sul Vietnam o sul carattere incoraggiante o contestatorio dell'Arte... Magari abbinando la propria carriera a quella di Brandt: come se non bruciasse ancora la memoria della nostra campagna elettorale nel '65 in favore dei socialisti, che poi al governo si sono alleati con la destra democristiana di Strauss e hanno votato le leggi d'emergenza contro gli studenti... E fare un periodico di sinistra tipo "Quindici"? Impossibile, ora: le polemiche fra i diversi dogmatismi paralizzerebbero ogni attività».

Peter Schneider: «Ecco smascherata la scappatoia: usare il linguaggio non nelle sue funzioni di linguaggio capitalistico, ma spaccato e poi ricomposto. Cioè, il trucco fondamentalmente formale di *disfunzionalizzare* uno strumento che è funzionale nella società attuale, dove si porge apparentemente un ampio ventaglio di scelte, ma dove invece non è possibile scegliere la libertà contro l'alienazione. Così si confondono ancora di più le idee alla gente comune, alienandola ancora di più con una tecnica falsamente liberatoria. Si sa anche troppo che questa è l'ideologia del capitalismo democratico: puoi fare tutto ciò che vuoi, tranne che liberarti. Ecco perché non si può abbandonare a se stessa della gente diseducata da almeno centocinquant'anni... Ma non si possono neanche lasciare agire da sé... Bisogna insegnargli tutto!».

Ex-marito della famosa terrorista Ulrike Meinhof (che secondo alcuni amici a Sylt si comportava da mogliettina docile), Klaus Rainer Röhl dirige «Konkret» (una specie di «Playboy» amburghese) in un impeccabile completino di vellutino beige, sotto un ritratto del Che in una gran cornice dorata. «Tendenzen?... Basta col teatro, andiamo in strada, e comportiamoci da socialisti... Andiamo alla base del linguaggio del mondo per demistificare le magagne del mondo... Documenti, documenti, e basta. Non stiamo a far letteratura... Accomodiamoci col vecchio marxismo, che va sempre bene, non crea problemi, e permette di vivere con la coscienza quieta e i soldi in Svizzera... Rivoluzionari estremi nel pensiero, ribelli nella vita e nelle lotte stradali, ma formalisti squisiti nelle 'poesie-cose' per le élites... Un solo elemento in comune: il tedio. Ma intanto, un buon numero di anziani lirici e narratori di varie scuole, non appena convertiti alle spillette di Mao e ai blue-jeans, si sono trovati sospinti a destra dagli stessi movimenti che li avevano stanati, perché ormai non riuscivano più a tener dietro a ogni escalation. E i marxisti attempati si trovano superati dai nuovi evangelisti barbuti per cui la letteratura è morta, perché non dobbiamo scrivere *noi* dei giovani lavoratori, sono essi stessi che devono raccontare di sé, ma tocca a noi invitarli a farlo... E così anch'io, come tanti lavoratori e proletari, lascio perdere le avanguardie noiose e gli sperimentalismi di tipo jugoslavo o polacco, e vado a vedere i western italiani sadici e Kitsch».

La parola agli editors.
Fritz Raddatz, negli uffici amburghesi di Rowohlt: «Siamo una letteratura senza centro, tutti sparsi sul territorio, isolati, raggiungibili solo con lunghe telefonate interurbane. A Berlino e

a Monaco succede poco. E un tradizionale come Grass ambisce a diventar borgomastro. Ma la nuova letteratura di sinistra appare ostinatamente rivolta *contro* il pubblico. Un vero puntiglio dell'illeggibilità, a costo di ritagliare alla maniera di Burroughs un romanzetto convenzionale, o trascrivere collages di nastri magnetici sovrimpressi più volte, nell'aspirazione a distruggere le Forme per recuperare *nella letteratura* la discontinuità sociale. Ma intanto i giovani, non trovando più differenze fra *Il tamburo di latta* e *Via col vento*, pretendono di trasformare radicalmente le strutture della letteratura, oltre a quelle della società»...

Günter Busch, presso Suhrkamp, a Francoforte: «Il grosso problema d'oggi è la frattura tra le generazioni, fra i temi dei vecchi e quelli dei giovani. I più anziani, da Böll a Walser, sono politicamente impegnati da decenni, e aderiscono con entusiasmo alle cause più avanzate; ma a distanza, nei ritagli di tempo, continuando intanto a produrre la propria letteratura. Invece i più giovani analizzano l'isolamento della loro posizione nella società: quindi vogliono partecipare in prima persona a tutti gli eventi, parlare direttamente agli operai e agli studenti, leggere i propri testi dappertutto, specialmente al posto dei professori nelle università occupate... E così, al limite, cessano di scrivere. O ricercano uno stile per esprimere gli spasimi della situazione sociale senza però passare per la descrizione realistica. Dunque, rivolgersi al popolo giostrando con le parole in quanto strumenti per modificare la mente del lettore smascherando i nessi consueti e logori del linguaggio corrente... Così Enzensberger proclama la morte della letteratura e prepara solo un grande lavoro su Cuba, mentre molti giovani scrittori e studenti prediligono i minimali *Textbücher* di Helmut Heissenbüttel». (Pubblicati anche da Einaudi, nel maggio '68, con vari SEMISEMI rigorosamente semantici, che involontariamente già prevenivano i popolari «scemi-scemi» dell'epoca).

A «Die Zeit», Dieter E. Zimmer: «La nostra è una letteratura senza storia e senza passato, malgrado i ponti alla Thomas Mann sopra il buco nazista. Né i Grass né i Weiss sono in grado di elaborare una teoria letteraria, benché scrivano voluminosamente di politica. E l'unica mente critica bene attrezzata, Enzensberger, non scrive ormai che critica politica, stando a Cuba. Così i tentativi di critica letteraria risultano poco sistematici e convincenti, benché da almeno un quarto di secolo sia diffusa la parola d'ordine che la letteratura debba funzionare come critica della società. E infatti la parola 'stile' suona poco raccomandabile, e la nozione stessa di 'forma' appare addirittura sospetta: tanto che si aggiungono sempre dei prefissi o suffissi detrattori al termine 'estetico', implicando che occorra liberarsi dall'*esteticismo* per assumere una rilevanza sociale... Continuano così a uscire grossi volumi di fiction benintenzionata e informe sulla vita tedesca fra il nazismo e il benessere, soprattutto preoccupati di far bene la loro critica sociale agli ultimi decenni, senza grandi sistemi di pensiero sui quali fondare un'immagine della Letteratura... Al di là delle modeste soluzioni individuali sul *perché si scrive*, quando sembrano superate le frontiere tra Letteratura e Non-Letteratura, e qualche libro serio diventa bestseller giacché un autore serio ha deciso di esprimersi a livello di feuilleton».

A «Der Spiegel», Horst-Dieter Herbert: «Aspiranti Poeti Nazionali, tipo Hauptmann, e dunque propagandisti del governo... Attenzioni al linguaggio non quale mezzo di comunicazione ma come disposizione di parole all'interno di un sistema-oggetto squisitamente fine a se stesso, dunque con sospetto di destra... Discordie e dibattiti fra i Gruppi e i Movimenti, con violenti interventi sulle singole posizioni individuali nelle contestazioni e rivoluzioni e opposizioni»...

Intorno, tutto questo revival di cofanetti di e su Jünger, Heidegger, ed eventualmente Carl Schmitt. Le vetrine traboccano di Adorno, Benjamin. Contestazione autocelebrata e mercificata in paperbacks di look artigianale. Due bianchi cerchi luminosi girano lentamente su se stessi nel cielo berlinese notturno, incorniciando a poca distanza gli emblemi della Mercedes e del Berliner Ensemble, le imprese locali di maggior prestigio e rappresentanza. I teatri straripano di Sturm und Drang in versione aggiornata (cioè, anni Trenta). La poesia concreta ha invaso la pubblicità. Radio Colonia funziona per la musica elettronica come mecenate assai più sollecito che gli Arcivescovi di Salisburgo.

Chi scrive chiede la solita venia a chi legge per avere eliminato una quantità di dettagli biografici e ambientali, limitandosi alle opinioni sugli eventi più significative (e non pecione) in una delle culture europee 'egemoni'.

* * *

Si passa ora all'analogo boom editoriale verificatosi in Francia come effetto immediato del medesimo Sessantotto.

Qui, bistrò vietnamiti economici e vocianti, nei pressi delle Éditions du Seuil e dell'avanguardista «Tel Quel», tra le frane degli strutturalismi e delle ideologie, intorno a St-Germain. Ininterrotti dibattiti, sulle tovaglie di carta a quadretti, sulla «dissoluzione della letteratura», con «différence» o «différance» fra «écrivains» ed «écrivants», tra gli antiquari della rue du Bac e i fruttivendoli della rue de Buci... Pacchi di riviste, aule condivise, ufficetti, scalette, gargotes, rancori, pallori, cessi fuori, secondi mestieri, faccine, mansardine, vocette... Rispecchiare? Contestare? Vaticinare? Letteratura pura? Letteratura come fine o mezzo? Scienza della letteratura? Scienza dell'ideologia? Neoretorica nutrita di scienze umane e di scienze esatte? Indecifrabilità magica, selvatica, profetica? Suggerimenti pratici ai nuovi principi? Consolare le villeggiature piovose e i dopocena provinciali, in concorrenza con la tv, talvolta? Enciclopedismo cosmopolita, Romanticismo viscerale, un irrazionale Sturm und Drang che calpesta le scienze opprimenti a profitto dell'Immaginario, e recupera il Buon Selvaggio Esotico (con tutto il suo Pensiero) contro una civilizzazione che significa progressi tecnologici sempre più distruttivi? Ma come poi gestire i lasciti ingombranti delle generazioni morte? Come agire, dopo lo stravolgimento dei canali e canoni tradizionali, per raggiungere i lettori 'giusti', evidentemente contemporanei e intensamente *qui*, senza sputtanarsi sui veicoli commerciali su cui bisogna pur viaggiare per agganciarli? «Déchiffrement?... Démembrement dont le langage s'est fait le porteur actif?... Ébranlement du rapport entre 'œuvre', 'auteur', 'lecteur'?...». E perché tralasciare la sensibilità degli adolescenti onirici solitari in provincia, alla Alain-Fournier?... Dunque, carnets fitti d'appuntamenti. Weekends di lavoro. Interdisciplinarità semiotica «senza isolazionismi, senza imperialismi, senza colonialismi!». Logica e segnaletica, matematiche e spettacolo, scienze, categorie, codici, segni, sensi, fumetti, il viaggio, il corpo, il cibo, la scrittura, l'erotismo materialistico e/o mistico. Bibliografie sterminate. Produzione libraria «alle stelle». Editori «aux anges».

François Wahl: «Ora, morta la letteratura come tale, esiste un campo di lavoro teorico ben delineato come *écriture* da Derrida e *symbolique* da Lacan: il pensare nella totalità la specificità del segno, del simbolo. E si presentano i problemi del discorso teorico corretto, con risultati rivoluzionari perché la cultura non può non fare la propria rivoluzione da sé. Non come la sovietica, che è stata politica ed economica, e basta. Ecco perché gli intellettuali francesi sono così affascinati dalla rivoluzione *culturale* cinese. Ma i movimenti studenteschi sono totalmente negativi: antiteorici, ricadono nell'ideologia e nell'immaginazione, senza tentare di esplodere. Non bisogna cedere alle indulgenze, nei loro riguardi: è gente che preferisce vivere al presente e non pensare, e ha vissuto un tipico conflitto freudiano lottando contro il *creduto sapere* dei professori che se ne ritenevano proprietari, mentre gli aggiornamenti volano in ogni scienza, e li lasciano indietro tutti. Vecchie trappole, per i groupuscules: il sinistrismo velleitario, il sentimentalismo anarchico, la confusione psicanalitica aberrante che conferisce al proletariato il ruolo dell'*ideale dell'io*, gli antichi complessi di colpa dell'intellettuale tipo Sartre che ha spinto tanta brava gente a ripeterne gli errori, cioè l'azione politica come tigre di carta che occulta la produzione teorica».

Philippe Sollers: «La nostra pretesa illeggibilità forse è finta. Si tratta di una leggibilità occultata, operativamente e strategicamente, nei confronti dell'ideologia che la rifiuta, paragonabile al silenzio dell'analista che tace per far parlare il paziente. La mistificazione intorno alla letteratura deriva dalla pratica sociale della scrittura, produttrice di ideologie nella società capitalistica: un cerchio ben chiuso in Europa, senza tentativi per spezzarlo. Ma si può far parlare l'ideologia borghese come si tratta uno psicotico: presentandole degli oggetti formali. Allora bisogna decidere se si preferisce produrre oggetti, oppure mettersi dalla parte della teoria, al livello della pratica formale, con una precisa implicazione politica».

Paul Thibaud, direttore di «Esprit»: «Grande vertigine, con le esaltazioni della decompressione, quando un paese di sognatori si abbandona alle improvvise esplosioni di una vitalità astratta... Dopo lo scacco profondo del gollismo come ultimo tentativo di una energica sintesi nazionale capace di raccogliere ogni eredità storica modernizzandole tutte... Ma mentre sopravvivono bene i mostri sacri della letteratura, continuando a eseguire il proprio 'numero' ben noto al pubblico, la profezia come esercizio sembra funzionare solo in circuiti privati, strettissimi. O come formula di successo, applicata agli eventi d'attualità. Ma nessun intellettuale si propone oggi di *creare*. Ecco dunque una cultura come anti-cultura: come triturare e ricomporre san Paolo o Marx o Defoe perché incomincino a parlarci in quanto attuali e fruibili».

Dominique de Roux, animatore de «L'Herne»: «Lo scrittore non riprenderà mai il suo senso se non cessa di fare politica. Escludendosi da una società, dandole fastidio. Non già i convenevoli a base di "mon cher maître" fra Sartre e De Gaulle. Lo scrittore deve demistificare, è un garante del linguaggio, l'hanno capito Gramsci, Solženicyn, Gombrowicz, Tolstoj e addirittura Henry James. E Céline, per i più giovani, mille volte più importante quando rifiuta i partiti e fa una critica viscerale e frammentaria alla società e alla guerra, mentre il Céline politico di *Bagatelles pour un massacre* è pessimo come Pound a Radio Roma, senza nessuna lezione formale.

Ecco, ogni scrittore che s'ingaggia in qualunque causa politica finisce per fare *Bagatelles*».

Roland Barthes, cauto amico, preferisce rispondere con un decalogo scritto, da ricopiare, fra un brasato e un barolo.
«Non essendo lo Scrivere un'attività né normativa né scientifica, io non posso dire *perché* o *per chi* si scrive. Posso enumerare soltanto le ragioni per le quali io immagino scrivere:
1) per un bisogno di piacere che, lo si sa bene, non è senza rapporto con l'incantamento erotico;
2) perché la scrittura decentra la parola, l'individuo, la persona, compie un lavoro la cui origine è indiscernibile;
3) per mettere in scena un 'dono', soddisfare un'attività distintiva, operare una differenza;
4) per essere riconosciuto, gratificato, amato, contestato, constatato;
5) per assolvere degli impegni ideologici o contro-ideologici;
6) per obbedire alle ingiunzioni di una tipologia segreta, di una distribuzione combattente, di una *valutazione* permanente;
7) per soddisfare degli amici, irritare dei nemici;
8) per contribuire a fendere il sistema simbolico della nostra società;
9) per produrre dei sensi nuovi, cioè delle forze nuove, impadronirsi delle cose in maniera nuova, scuotere e cambiare il soggiogamento dei sensi;
10) finalmente, come risulta dalla molteplicità e dalla contraddizione deliberata di queste ragioni, per sventare l'idea, l'idolo, il feticcio della

Determinazione Unica, della Causa (causalità o 'buona causa'), e accreditare così il superiore valore di un'attività pluralista, senza causalità, finalità né generalità, come è il testo medesimo».

Stessa domanda a Pierre Klossowski: perché si scrive? Non sembra affatto contento, benché sia un interrogativo primario e tormentone di Maurice Blanchot. «Lo definisco un atto della libertà contro la commercializzazione! Un gesto dell'esperienza in un contesto di folklore!». E si parla d'altro, a tavola, da Elena e Giancarlo Marmori, nel cuore di St-Germain. O a Roma, a Villa Medici, da suo fratello Balthus, che vedendo lui e la moglie Roberte in impermeabile perché piove, sospira: «eh les voilà, habillés en petits bourgeois».
Telefono a Robbe-Grillet. È in Brasile per qualche mese. Telefono a Michel Butor. È in California per qualche settimana. Telefono a Nathalie Sarraute. È a New York, per un certo periodo.

Tra gli illustri vegliardi, Raymond Queneau, in un ufficetto da Gallimard: «La letteratura è una scappatoia: una specie o molte specie, con una funzione o più funzioni; e parecchie disfunzioni. Tanto, oggi, si può dire di ogni cosa che è a più livelli. Ma una missione, proprio no: per l'intera società, l'opera omnia di Malherbe non conta affatto più del gioco del bilboquet. E io l'ho sempre considerata come un artigianato: lo scrittore fa del suo meglio senza sapere o volere per forza quale è il senso di ciò che si fa. Anche perché i sensi possono essere parecchi. Ma per lo scrittore, interrogarsi sulla propria funzione, che è quella di scrivere, mi pare assurdo: come un melo, che fa delle mele, e poi si chiede il perché».

A un ultimo piano délabré del Palais Royal, Emmanuel Berl, in vestaglia a letto. «Una 'funzione'? Ma chissà che varietà nelle risposte. Per Valéry, si scrive per lirismo o per desiderio di insegnare. Io, mai. La scrittura è un'interrogazione tentativa, per conoscersi: come il disegno per Picasso. E in certe congiunture, è indispensabile che venga scritto un determinato libro. Così, con Foucault si può finalmente parlare, mentre se a Breton concedevo un po' di realtà, lui, a me, neanche un po' di libertà. Ma la letteratura francese è sempre deformata dalle ondate successive delle guerre civili, dei partiti, delle correnti: Balzac, i surrealisti, Mauriac e i gollisti, Sartre e gli esistenzialisti. Dopo Victor Hugo, lo scrittore aspira a ruoli profetici, guidare gli animi e i popoli... Ma diventano sempre più predicatori e normativi, man mano che perdono peso specifico, e forse per compensazione bramano prestigi come avevano solo i dottori in teologia, gli Arnauld, i Bossuet, e non certo Corneille o Racine, e men che meno Molière... Accodandosi ai cortei che una volta esaltavano i Luigi di Francia e oggi Mao... Mentre lo spirito dei tempi tira avanti non con Althusser ma con Peugeot».

In un alto pianterreno al Trocadéro, Jacques de Lacretelle, in doppiopetto: «Cosa è démodé? Temo e detesto i buffoni eccessivi, i profittatori di scandali sulla 'salute di Sade' o 'la caduta dei tabù'. Andare verso la libertà va benissimo, il diritto di dir tutto m'incanta, i *Mandarini* della Beauvoir erano ancora un'interessante pittura d'ambiente con tutti i malumori fra politica e sesso e famiglia senza mai cattivo gusto di scandalo; e le infanzie di Mauriac ritornano con una visione più matura... Ma cosa può uscire da un Nouveau Roman ridotto a mero procedimento, manifesto, dottrina priva d'ogni ispirazione?... Così la gente si disaffeziona proprio al romanzo, che dovrebbe essere aperto sulle persone, sulle cose, sul mondo, pieno di desiderio di conoscere, penetrare le anime... Una finestra... Senza chiudersi in un sistema elitario che esclude i lettori».

Nelle 'centrali'. Maurice Nadeau, direttore delle «Lettres Nouvelles» e della «Quinzaine Littéraire» e di chissà quante collane letterarie.
Riceve infiniti manoscritti. «Tutta una corrente di romanzi-inchiesta, documentari su luoghi e villaggi con la loro storia e geografia e cultura. Anche indagini tipo 'cosa pensano su Israele gli ebrei francesi'. Molte eterne autobiografie giovani e locali, con piccoli amori e adesso qualche flashback: protagonista, un narratore infelice, isolato, senza rapporti con i moti contestativi. Parecchia letteratura 'pura' con 'testi' pubblicabili solo su "Tel Quel" perché difficilissimi anche per docenti di lettere contemporanee: variazioni sul pronome personale, sparizione del personaggio scrivente, costruzioni informatiche, 'referti'... Anche ritorni offensivi verso un naturalismo alla Zola. E la tradizione francese dei gruppi con le ortodossie, le esclusioni, i vecchi

terrorismi dei clan che ricoprono gli ex-compagni di insulti in base a neomaterialismi dialettici fra insegnanti, prefatori, traduttori, borsisti, impiegati nelle sinecure ai ministeri e nelle biblioteche».

François Erval, condirettore della «Quinzaine» e direttore presso Gallimard: «Con questi esperimenti all'interno del campo del linguaggio, al limite dell'incomprensibile e dell'intraducibile, si ritorna ai nazionalismi letterari, lontani dalla Weltliteratur di Goethe e da un possibile Mercato Comune delle lettere, sempre più tentato dalle semplificazioni pacchiane... Ma sembra ormai inguaribile questa abitudine di costituire scuole ad ogni costo: sempre la tendenza a razionalizzare le tendenze più irrazionali. Ma con la conseguenza che i media finiscono per riunire gli scrittori più disparati sotto una stessa etichetta, tipo 'Esistenzialisti' o 'Nouveau Roman'...».

Jacqueline Piatier, direttrice delle pagine letterarie a «Le Monde»: «La letteratura francese ha il compito di tradurre i malesseri della civiltà contemporanea, in forme tradizionali o no, all'ora del rinnovamento delle tecniche musicali e del prestigio dell'arte astratta. Captare l'assoluto attraverso il tessuto interno delle parole. Anche perché la concorrenza degli altri mezzi di distrazione spinge la lettura a diventare un esercizio più difficile, più puro, più *lei stessa*! Così il romanzo tende ad analizzare le proprie operazioni creative: il misticismo del verbo, il funzionamento dei meccanismi dell'immaginario, il recupero delle mitologie, le variazioni dello schema poliziesco, l'esplosione dei frammenti compositivi, i registri plurimi dei collages a brandelli farciti di citazioni secondo le tendenze alla discontinuità comuni a tutte le avanguardie moderne, con soppressione e rifiuto di tutto ciò che potrebbe attrarre il lettore».

Jean-François Revel, alto sull'Île St-Louis: «Il carattere dominante della stagione mi pare l'assolutismo dogmatico, fortemente politicizzato. Tutti pretendono d'essere maestri esclusivi di pensiero; e così le strategie letterarie diventano tecniche di esclusione e faziosità di gruppo. "Le Monde" dà più spazio ai dissapori tra Sollers e Faye che alle crisi nel governo Pompidou, mentre la gran massa dei lettori rimane totalmente tagliata fuori dalle beghe intellettuali parigine... Niente sembra cambiato dagli anni Trenta: Mauriac, Sartre, Aragon, fanno il loro 'numero' esattamente come allora, intervenendo su ogni questione, sempre presenti a ogni costo...
«Già, se si manda in giro un questionario sui fatti di maggio, e Robbe-Grillet non viene interpellato, in tutto l'ambiente si direbbe che non conta più niente. Se Mauriac si assenta da Parigi per cinque minuti, può capitare che vengano nominati dei nuovi cardinali francesi; ma se lui non ha detto immediatamente la sua, si potrebbe pensare che ha perso importanza di fronte alla Chiesa».

Mary McCarthy abita da parecchi anni in rue de Rennes: «Mi pare strano sentir tanto vantare la sterilità e l'intellettualismo dei giovani autori, e anche gli anni Trenta come età d'oro. A me, Genet e Ionesco e Beckett sembrano infinitamente più interessanti che Montherlant o Giraudoux. E tutta quella prestigiosa generazione di Gide e Mauriac mi pare molto sopravvalutata in rapporto ai suoi successori immediati, il Sartre degli inizi, Queneau, la Sarraute. Certamente si possono rinfacciare gli ermetismi astratti dei laboratori attuali. Ma quando sono di buonumore dichiaro volentieri che ci vuole molto lavoro sperimentale per poi realizzare i romanzi di Jean Ricardou e di Monique Wittig (che sul "Monde" è diventata Monique Vitti). Un po' come è necessario il laboratorio dello Squarcione perché poi appaia un Mantegna».

* * *

Nella Londra ex-swinging e in crisi economica, giovani e vecchi ripetono: sfinimento e spossatezza. Gli Arrabbiati degli anni Cinquanta «hanno già dato», e anche guadagnato parecchio, soprattutto col teatro, lanciando la «poetica del lavandino» (*kitchen sink*). Ora tendono a rinchiudersi in una ricchezza da signorotti di campagna, o nell'agorafobia.
Chi ha fatto spese folli è oppresso dalle tasse e dai debiti, quindi cerca di guadagnare con le riviste per soli uomini. Altri diventano conservatori fanatici, sospettano in ogni interlocutore il soldo di Mosca, si riuniscono a Bloomsbury in colazioni reazionarie del martedì, che si possono immaginare piene di ex-studenti di Oxford o Cambridge ora spie.

Le vetrine appaiono dominate da Iris Murdoch, Muriel Spark, Doris Lessing, Edna O' Brien, oltre alle più anziane Elizabeth Bowen ed Elizabeth Taylor. E mentre stanno spegnendosi E.M. Forster e Ivy Compton-Burnett, in età gravissima, gli ultimi autori che facevano letteratura alta per un 'general public', come Angus Wilson e Graham Greene, viaggiano e soggiornano all'estero, mentre i famosi saggisti 'leggibili' vanno a insegnare nelle università americane. Ma le casalinghe lettrici evidentemente non acquistano più i libri: preferiscono prenderli in prestito dalle ottime biblioteche pubbliche, suscitando problemi dibattutissimi per le ripartizioni dei diritti d'autore calanti. Macché dilemmi fra impegno ed evasione, tradizione e sperimentalismo, funzione e integrazione, eversione e consumo, *servirsi* delle strutture della comunicazione o l'*esserne agìti*, scrivendo romanzi in campagna o facendo vita mondana e giornalismo letterario in città, fra i prototipi del Giornalista Dotto, del Docente Frivolo, del Signorotto Appartato, dell'Autorevole Eccentrico, del Viaggiatore Scapigliato, del Predicatore ai Margini.

Intanto, si osserva, manca però nella lingua un termine per tradurre esattamente «contestazione»: forse «confrontation» o «provocation» o «denunciation» o «contention» o «controversy», ma non ci siamo. In America, tutto sarebbe «protest». Ma «challenge» o «combat» sono ambigui ovunque. Così, poco di «exciting», «refreshing», «intriguing».

Insomma, ecco un giro fra le principali case editrici, da Weidenfeld & Nicholson a Jonathan

Cape, e attraverso i settimanali più pronti: «The Observer», «The New Statesman», «The Listener», «The Sunday Times».

Kenneth Tynan: «Il compito dello scrittore mi pare sempre più ristretto. Consiste nel lasciare una testimonianza sui propri tempi, come un disegno nella caverna o una capsula nello spazio. L'influenza si raggiunge con la televisione o il cinema. La miglior letteratura di questi tempi consiste in 'bollettini dall'ospedale', non già di bombe sugli ospedali come nelle rivoluzioni, o illusioni di dialogo con i politici, interlocutori ormai screditati... E infatti è significativo il successo di Norman Mailer, massimo scrittore attuale di lingua inglese, dovuto alle sue testimonianze personali: io ero lì, presente, ma non rappresento nessuno, solo me stesso... Finendo per dar ragione perfino a McLuhan, sui fini della comunicazione... Mentre qui fanno i finti gentiluomini, vanno a cavallo nei boschi, si occupano della buona tavola»...

John Mortimer, drammaturgo di successo nonché grande avvocato: «Ogni tanto gli scrittori si considerano profeti, là dove falliscono i preti e i politici, ma presto prevale la forza della tradizione e del gusto inglese, che adora la risata e la satira. E poi, la posizione degli scrittori è tuttora poco rispettabile e compatita, ai margini, nella nostra società. Addirittura i giovani ora nascono disillusi e cinici, senza interessi politici né voler sentire influenze: cercano solo di procurarsi un po' di soldi. Anche tre o quattro commedie televisive all'anno, a mille sterline l'una; e committenze principesche e granducali dalle reti tedesche. Se un giovane è bravo, c'è molta richiesta. E se non guadagna, dev'essere veramente pessimo. Lo vedo perché faccio parte della commissione reale per l'Arts Council, che deve assegnare un migliaio di borse e stipendi ogni anno».

Tom Maschler: «Non vedo attività né movimento. I ribelli si fanno assorbire subito nell'Establishment, i rivoluzionari fanno cinema, soldi, e scrivono male. Qui da noi guadagnano parecchio i Molto Commerciali e i Molto Inglesi, ma c'è pochissimo interesse per la letteratura di idee e problemi in senso europeo; e il pubblico non si cura davvero di cosa *pensano* gli scrittori. Così, quasi tutti cercano di guadagnare facendo e rifacendo sceneggiature per film che probabilmente non si faranno mai».

Terence Kilmartin: «Cosa pensano gli scrittori inglesi? Non è mai stata una professione molto rispettata. Jane Austen non ha mai avuto una stanza tutta per sé, scriveva in mezzo alla famiglia. Dickens scriveva a puntate, tremila parole al giorno, ma guadagnava soprattutto leggendole al pubblico in America. La madre di Trollope cominciò a scrivere a cinquant'anni, per mantenere la famiglia: trenta romanzi in venticinque anni, alzandosi alle quattro ogni mattina. Trollope stesso ne scrisse cinquantanove in trentaquattro anni: su un'assicella nei treni accelerati, perché era ispettore postale; e ogni sera la moglie ricopiava i taccuini in bella calligrafia... Quando

ebbe la dabbenaggine di raccontarlo nell'auto-
biografia, gli esteti letterari gridarono all'artigianato, e per quarant'anni non si venderono
più. Ora spesso i nostri scrittori insegnano nelle
scuole, ma rimangono isolati, senza prendere
posizioni o fare dichiarazioni, che del resto ca-
drebbero nel disinteresse. Insomma, non si ri-
conoscono una posizione. Scrivono per 'intrat-
tenere', e gli allievi dotati puntano sui soldi dello show business».

Karl Miller: «Ci sono fasi di vigore, di esperimento; e altre di riposo, come questa. Siamo come nell'intervallo fra i due tempi d'una partita:
il campo è vuoto. L'enorme richiesta delle televisioni sottrae ormai agli autori la possibilità di
fare un apprendistato letterario. Si buttano subito; si sfruttano, si stancano, si fermano. Si ri-
posano; e aspettano. Così anche i gusti del pubblico non cambiano, non si aggiornano, e tornano indietro: le convenzionali storie middle-
brow, coi personaggi, i fatterelli, e il sermone».

Alan Sillitoe, classico dell'impegno sociale: «Mi
hanno appena pagato la sceneggiatura di un film
su Che Guevara, che non si farà. Ma ho sempre
scritto narrativa senza pensare assolutamente a
un certo pubblico: scrivo per me. Senza l'eterna
pretesa aristocratica francese di porsi come maestri, insegnando il pensiero e imponendo l'illeggibilità di qualche opposizione contro la leggibilità dell'Establishment. Molto meglio *aiutare*, che
influenzare (parola grossa!) i lavoratori che fino a
poco fa leggevano solo libri di vita borghese per

lettori borghesi... Mentre ciò che dà il rispetto di se stessi e un certo rapporto col mondo è poi il sentirsi rappresentati nella letteratura con immagini corrispondenti alla propria... Ma gli autori inglesi diventano sempre più insulari, conservatori, spaventati. Più il paese cambia, più tornano indietro. E anche quando viaggiano, in realtà non escono mai dall'Inghilterra che si portano dietro».

Kingsley Amis, ex-*Lucky Jim*: «Le cosiddette innovazioni mi paiono affatto normali, le cose cambiano ben poco. Io credo solo nella continuità, e odio la parola stessa di *avanguardia*, che poi in Inghilterra si risolve in una retroguardia di quarant'anni fa. Mai dimenticare che tutte le arti sono sempre state dedicate al Divertimento e non alle Mode. E il giornalismo deve badare solo al giornale di domani mattina, mentre il romanzo deve restare leggibile per alcuni anni, malgrado le mode per una illeggibilità fine a se stessa come *l'art pour l'art*. I temi sempre interessanti per la narrativa sono le vecchie eterne passioni umane, i sette peccati capitali in ambiente contemporaneo, come ci insegnano Anthony Powell ed Evelyn Waugh e non certo l'*Ulysses*, gran bel libro con influenze pessime su chi crede all'incomprensibilità come *fashion*. Preferisco una sana e buona anti-originalità professionalmente impeccabile, non ossessionata dalle ideologie e dalle tecniche con originalità a qualunque costo»...

John Wells, giovane cabarettista di successo: «A Londra, le strutture della società sono rimaste immutate dal Settecento. Vita di Corte alla BBC, salotti letterari nelle redazioni dei settimanali, tutti amici e tutti si vedono, fra ex-alunni delle stesse scuole alto-borghesi; e il vecchio sistema inglese di placare i ribelli invitandoli a pranzo. Così i vecchi valori borghesi tornano a riprendersi e a colpire, perché si basano su secoli di esperienza e sugli eterni rapporti di adulazione reciproca fra talento e denaro. Mentre le strette censorie più dure sulla satira vengono proprio dal governo laburista di Harold Wilson».

Noël Annan, ora *Lord* (laburista) Annan, rettore della London University e consigliere dell'attuale governo: «Gli scrittori inglesi non hanno mai posseduto il senso di appartenere a un gruppo. E pochissimi si sono identificati coi partiti politici o gli eventi sociali come Sartre o Grass. Del resto hanno ben poco in comune; e circa l'Impegno per le Cause credono tutt'al più nella lettera collettiva al "Times", usanza peraltro in disuso. I letterati si sentono piuttosto coinvolti nell'aura della propria generazione: anni Venti o Trenta o Quaranta... Ma fino a Waugh e a Greene descrivevano la parte di società che ritenevano importante, rivolgendosi tuttavia a un intero paese. Ora però il pubblico è frammentato, a pezzi; e nessuno scrive più *per tutti* (anche perché gli manca la *statura*). E anche gli autori proletari più recenti sono ben decisi a restare nella propria classe: anche perché le disillusioni del partito laburista hanno avuto un brutto effetto sugli scrittori di sinistra. Così il nostro 'impegnato' veramente autentico pare oggi John

Osborne, appunto per il suo programmatico ritiro dalla politica e dai partiti. Mentre i lettori cólti seguono soprattutto quella critica letteraria che è l'equivalente moderno del sermone dell'Ottocento, per sapere e capire cosa pensare sulle questioni morali. È la tradizione più forte nella nostra critica, un commento sulle condizioni attuali della civiltà».

Francis Wyndham, critico tipicamente finissimo: «Non leggo più assolutamente niente. Rileggo soltanto: durante una malattia, tutta la critica drammatica di G.B. Shaw. E l'ho trovata stupidissima. Di tutto Shakespeare salva solo *All's Well*, perché prende di petto la questione femminile». Ha appena ricevuto una lettera di V.S. Naipaul, da New York: «Fuori, letame e violenza per le strade, come in un'India molto più ricca. E in una sala, Mailer con gli altri che facevano il punto su una questione teorica».

Angus Wilson: «Voglio combinare l'impegno umanistico dei miei lettori per i miei personaggi con una estensione sempre più spinta del *pastiche*, della parodia nella drammatizzazione teatrale e nel trattamento cinematografico, sicché il lettore possa venire alienato dal testo nel momento stesso in cui la doverosa compassione lo indurrebbe all'identificazione autocompiacente. Solo questa può essere una risposta alle spinte schizofreniche tra l'identificazione con l'umanità che ogni essere umano deve sentire (avendo un corpo e una mente) e il naturale disgusto che non può non sentire oggi per le tante manifestazioni sociali:

orientali e occidentali, neorivoluzionarie o anarchiche. Queste pressioni attuali producono appunto stati schizoidi, mentre però per qualunque artista serio le qualità dell'Illuminismo razionale devono rimanere importanti come l'eredità irrazionale, romantica, profetica. Solo spingendole insieme verso i loro limiti possiamo sperare di produrre esplosioni significative, e non le merci dei laboratori a programma, o le difese della Tradizione in sé e per sé, o i manifesti di rivoluzioni intellettuali fini a se stesse».

Muriel Spark: «Non mi piacciono i romanzi fotograficamente accurati. Cosa m'importa la realtà? M'interessa di più Cenerentola, in fondo è più vera, e si potrebbe infatti leggere come uno dei primi manifesti comunisti. Ma l'arte non deve avere nessuna pretesa di insegnamento. La sua sola funzione è dar piacere all'intelletto, aprire qualche finestra nella mente, far vedere le cose in una luce diversa. Poi, agli americani interessa la *cosa*, e basta, mentre ai francesi importa solo *come* la cosa viene scritta. Ma stiamo ai termini: a me il romanzo pare una forma molto giovane e nuova, come dice la parola stessa *novel*; e *novelty* significa sia novità sia racconto. E la narrativa si chiama *fiction*, lo stesso termine che indica la finzione. Evidentemente la realtà è tutt'altra cosa. Mentre l'ideologia viene odiata da tutti gli scrittori inglesi, nonché da tutti i cattolici inglesi: empirici, pragmatici, diversi da tutti gli altri cattolici perché abituati a parlare solo delle cose che si vedono e toccano. Io, poi, sono una cattolica scozzese...».

* * *

Nei nostri paraggi, un decennio dopo quelle considerazioni europee, dunque ormai trent'anni fa, nel lungo e sinistro 'tunnel' degli anni di piombo, scoppia la famigerata «vicenda Moro». Altro che 'epilogo' o 'alba' di un'epoca... E la straordinaria agitazione nazionale – un sovrano catturato sul suo territorio! – spinge ad accantonare i lavori in corso per documentare 'in contemporanea' non già le tante congetture dietrologiche, bensì qualcosa che si conosce piuttosto bene, sul territorio: come si comportava e cosa diceva la gente, giorno dopo giorno fra salotti e tinelli, angoli-cottura e posti-motorino, in forma di giornalino quotidiano parlato fra seminterrati e bancarelle e attichetti 'dentro' Roma Capitale e Caput Mundi. Senza inoltrarsi nelle campagne rustiche e fantastiche dove magari presso la Maga Circe si continua a venerare Maria Goretti o Claretta Petacci come icone e martiri. (Visto come hanno saputo affrontare la morte, oltre tutto).

In questo stato, e poi *Un paese senza*, obbedivano al dovere civile delle testimonianze 'dal vivo' nelle congiunture epocali, in seguito utili ai ricercatori e agli archivisti del 'post' e del 'propter', del perché e del percome, del prima e del dopo. «E se domani...» canticchiavano al pianobar gli storici futuri anche involontari, nel corso degli eventi. Poi, ogni storiografia o iconografia o commemorazione finirà per registrare soprattutto due serie parallele di icone inevitabili, per quegli anni Settanta.

Pasolini, Moro, Feltrinelli, e i tanti altri assassi-
nati. Una pletora, si deplorò. Accanto, un'altra
pletora di indimenticabili successi e cult forever:
Mina, Celentano, Morandi, Battisti, Baglioni, De
André, De Gregori, Dalla, Paoli, Guccini, e tanti altri miti e riti regolarmente estremi e duraturi e 'live'. Anche alle esibizioni attempate di
Keith Jarrett e moltissimi altri, a tutt'oggi, quante migliaia di junior e senior si eccitano e com-
muovono sinceramente dopo aver sborsato cento euro dai bagarini o sopportato fatiche 'bestiali' in coda.
Così, anche questo nuovo libretto «sui fatti del
2008» si proporrà (ancora una volta) come una
obiettiva 'deposizione' testimoniale a caldo su
un altro snodo o svincolo o scivolo di eventi italiani probabilmente epocali, nel mesto corso del
loro svolgersi.

2008 / AL DEPOSITO

È arrivato un bastimento giovane carico di...
griffe, graffiti, gaffe, vaffa, style, stress, strip,
stop, spin, slot, loft, soft, flip, flop, hip, hop, hit,
hot, tip, top, gap, trip, trick, trans, trends, test,
best, must, cult, suv, suk, suck, slum, punk, pub,
hub, sub, club, cool, care, car, change, lounge,
loop, look, lock, talk, doc, vip, clip, chip, cheap
'n' blues off-the-road...

...

È anche arrivata una gondoleta stracarica – oltre che di biondine e brunette – di chiocciole,
coccole, caccole, coke, cock, rock, fuck, remix,
report, resort, reset, trolley, delay, display, privé,
hard-jazz, dreams & drums, junk-stores, think-
tank, talk-tank, talk-away, take-it-back, take-it-easy,
think-thank-you, Happy Days, Agnus Days, O-
pus Days...

...

Tutta vele e cannoni («romba il suo saluto! egli
è, egli è venuto!»), sta approdando una nave
piena di navigatori, scaricatori, siti, portali, can-
celletti, santi e poeti cartacei, blog e iPod e iRom
e iRock, games e disagi e garbagi sempre più o-
rali, giovanili o senili, coordinatori e badanti della rentrée sempre più corvée, fiaccolate multisa-
le per ospiti generalmente d'eccezione, suppor-
ters super-clandestini di lucciole non più in via
d'estinzione ma numerosissime e battagliere a

battere... Forum, praemium, solarium... Escalation e pollution di gossip (che si commentano da sé) sulle supposte ex-velette di presentatori sciupafestival nelle ovattate anticipazioni sul blindato lancio dei nuovi album e format deroganti, droganti, sdogananti, detergenti, spalmanti, streganti... Guru del brand, filosofie della Maison, visite guidate alla Domus, hard-strip by the Jacopopos at Thermae, b&b con baby dj's, principii etici validi come i loro contenuti nella 'polis', rispetti delle prerogative e anche delle soluzioni alternative ma senza palliativi o preservativi, né operazioni opache poco emblematiche...
...
Sta accostandosi uno yacht strapieno di installazioni, intercettazioni, iniziative per insabbiare o sensibilizzare e coinvolgere, stralunati e spericolati stravolti, volontariati, griffati, infradito, pedonali, demenziali, intellettuali, increduli, asettici, megagalattici in convegni e concerti multiculturali e multimediali itineranti, oltranze e credenze eclatanti, intriganti religioni circondariali e no-globali, estive o «four seasons», stimolanti allestimenti di corpi-segni e cadaveri alternativi in curve crescenti di contestazioni stuzzicanti, grazie alle tradizionali 'patonze' e 'pecheronze' militanti e nereggianti. Per la scioccante serie delle azioni desideranti e manifestazioni graffianti sulle dif/ferenze in/tolleranti e ri/storanti fra il Segno Autenticato e il Falso Esclusivo nella Tim/berlandia contemporanea del Vero Lusso che pretende i Valori Firmati e Titolati e Blasonati e Mini-Limited ed esige di pagarli di più al *privé*.

...

Sopraggiunge un battello zeppo di interventi a sorpresa, lunghe marce degli sbarramenti, muri contro muri negli studios «Alla Vetrata», nuove svolte per intese inedite, salti indietro a decenni ormai civici, provocazioni drastiche e umoristiche dal forte impegno attivistico, disoccupati puramente o duramente creativi, trasgressivi e digressivi di varie tendenze attualissime, pacchi benefici di brioches 'Digestives' ai meno fortunati, coi proventi dei pranzi nei salotti aviti e affittati di alta carità...

...

Flotte e flottiglie di gondole e golette e bucintori e canoe e sandolini e pedalò con liste elettorali bloccate 'in concert': I Devoti Per Gioco, I Trombati Riscaldati, I Precotti Di Confine, I Cucina Etnica, I Senso Vietato, I Traffico Locale, I Nel Mirino, I Del Calibro, Gli Abbifede, I Nun-Ho Capito, Gli Insieme per la Rucola, I Bologna-Bio-Bio, I Sole Mio con la partec. straord. cameo dei Sora Mia, I Postazione Nemica, I Dilettanti Zingari, I No Emergency, Los Renegados, Los Okkupantes, Las Transgresoras, Las Invasivas, The Deserters, The Revolters, The Offenders, The Insurgents, I Farà Discutere, I Las Repulsivas, The Sex Defectors, The Peace Agitators, The Cock Mutineers, The Sabotage Escamotage, I Combat Attack, The Naked & The Dead, Los Insecticidas, The Radical Orgasm, Gli Ex-Avanguardia Obbligatoria, The Vacuum Killers, The Fucking Liquidators, Die Pissoir Pistolen, i *dvd* «Taroccati in Jail» per denunciare e sensibilizzare la deplorevole pratica global e glocal e anal delle impronte sfinteriche ahimè diffuse anche controvoglia per raccogliere fondi negli innumerevoli inumani campus sparpagliati in Topazia, Trapezia, Prepuzia, Orifizia, nelle due Marozie e nelle quattro Squinzie, per corrotti fini benefici. Ma qualcosa sta cambiando, forse, grazie alle irritazioni internazionali rock.

...

Ha attraccato un cargo di cori da stadio, linguaggi da bar sport, fraseggi da spogliatoio, idiomi e favelle da casini e caserme d'antico stampo, promesse da marinai d'altri tempi, interiezioni da carrettieri ormai scomparsi, papiri goliardici, canti su varie «osterie numero...» di neolaureati anche *ad honorem*, mottetti e strambotti di classici guitti da avanspettacolo, sinonimi ed eteronimi dei rituali «va' a...» nei varietà regionali e stagionali da Lampedusa al Brennero. Batte bandiera tricolore e luci rosse.

...

Sta sbarcando un gommone gremito di metafore e ricercatori e ossimori. Tutti illesi, tranne un dottorando e una sineddoche.

...

Inaspettata sbuca una tartana, dal Festival di Pesaro.

«Don Profondo: Medaglie incomparabili, – Camei rari, impagabili, – Figli di tenebrosa, – Sublime antichità. – In aurea cartapecora – Dell'Accademie i titoli, – Onde son membro nobile – Di prima qualità... – Dissertazioni classiche – Sui nuovi effetti armonici – Onde i portenti Anfionici – Ridesteran stupor. – De' primi Orfei Teutonici – Le rare produzioni – Di corni e di tromboni – Modelli ignoti ancor...» (G. Rossini e C. Balocchi, *Il Viaggio a Reims*, 1825).

...

«Un fil di fumo!» (Puccini). «Un naviglio! Turco pare!» (Rossini). «Arremba su la strinata proda, le navi di cartone, e dormi» (Montale)... Si scarica dal vaporetto la troupe dei conferenzieri per i villeggianti. Un patrimonio di premiate *lectiones multi-magistrales*. «La matematica come opinione alle Eolie». «L'aritmetica e la teologia spiegate alla figlia della badante». «La tavola pitagorica finalmente inculcata agli zucconi grandi e piccini». «L'ermeneutica per le dune». «L'ars retorica fra tamarri e dammusi». «L'algebra di coppia». «L'intelligenza all'occhiello»... «La mente all'outlet». «La geometria in masseria». «L'etica poliedrica». «La trigonometria in festa». «La provocazione geologica». «La culaggine sistemica». «L'astrofisica nel vostro boudoir». «La deontologia di confine». E altro ancora. Seguirà un Dialogo fra le Tante Culture. Le spese, causa i tagli, a carico dei partecipanti.

...

Atterrano varie terrazze mozzafiato, con una scorta di salotti da capogiro già variamente scissi al loro interno.
Tendenza 'lounge'. Siamo radical-chic talmente storici che anche il pubblicaccio più ordinario adora i nostri manifesti di protesta e denuncia così impegnata e griffata. Anche se poi le gazzette li impaginano fra le spa e spiagge estive e i gossip telefoninici. Ecco, se per un giorno o due mancano le quotidiane abituali Grandi Fir-

me sopra o sotto un intervento o un appello, i vecchi habitués e le piccole fans inviano sms alle egemonie e alle élites.

Trend anti-populista. Per osteggiare questi berlusconismi dilaganti nel Paese a livello di piazze e piazzette sempre più volgari, non sarebbe più savio rivendicare il proprio status di miliardari esemplari, sempre benpensanti nel senso giusto, e mai populisti nell'accezione pecoreccia, con dietro tutto un salottismo illuminato, e fior di pranzi placés col fior fiore degli ex-capi del Pci d'antan e delle Rifondazioni di nicchia anche se tardive e depennate nel mix effimero del 'verdismo' clientelare e carrieristico?... E discretamente, non puntare tanto sulla tarda età settuagenaria ma vispa degli impegnati tuttora viventi, fra le commemorazioni centenarie dei coetanei azionisti e dei resistenti nel Nord.

...

Tormentone, agli aperitivi 'engagés' con vista sui bei tempi. Ma come si fa, adesso, a intrupparsi con i «firmaioli-spettacolo» ormai «segnati a vita» e «a dito alzato» fra gli indefettibili coinvolti nel sempiterno «presente!» alle adunate dei regimi italici... E non con dazebao e poster d'altri tempi e da campus e camerette, ma sbandierando cifre di redditi Siae alla faccia dei fans populisti, presenzialisti, moralisti, qualunquisti, cabarettisti, salottisti, conformisti-anticonformisti, irriverenti, giustizialisti, sanfedisti, dissidenti, osservanti, urticanti, sfregianti, costituzionali-istituzionali scrupolosi o postulanti impietosi e hard alle sovvenzioni statali per le loro cooperative parassitarie con mostrine e filmini su intellettualini in crisi sui soldini...

Tormentino decaffeinato e digestivo, da nozze d'oro anticipate. «Vi ricordate quando i soldatini e i ventenni educati non frignavano come bambini 'mutanderi' in pubblico? E gli scrittori non sfruttavano le disgrazie e i dispiaceri della famigliuola intimista a scopo di bestseller?».

Ma ai soliti livelli «più deteriori» (o più inferiori, più peggiori, secondo le crisi), sul territorio più nostrano: quest'Italia «alle vongole» così sferzata e fustigata sia dai prestigiosi organi stranieri sia dai più autorevoli scoreggioni estivi, ove il sauté e il sartù o le cozze non siano politically correct à la carte, non sarà piuttosto – umanamente ed etnicamente ed eticamente – all'acqua pazza? alle pile esauste? alle palle che girano? ai quattro formaggi? alla movida Valadier? ...

Che fila di containers, per la discarica.

Discorso. Regime. Convegni. Colloqui. Simposi. Congressi. Conferenze. Meetings. Strumentalizzazioni. Coinvolgere. Iniziative. Dibattito. Discapito. Discarica. Dialogo. Cambiamento. Piacimento. Nocumento. Complici. Una risata. Un vostro problema. Un tavolo. Il Sessantotto. Il vecchio. Cumulabile. Deducibile. Tranquillo, sereno. In isolamento. Un altro barrito. Di tutt'altro segno. Devastante. Desumibile. Inanellante. Risibile.

Un bell'applauso. Una gran bella piazza. Proprio d'Italia. Gazebi. Si qualificano da e per se stessi. Stati travisati. Doppia svolta. Tripla sfida plus. Altra sponda. Check-in. Bag-lag. Esulta. Incorona. A sorpresa. Ma quale identità. Dopo una sconfitta.

Come un calzino. Come sardine. Come panini? Un giallo, anzi moltissimi. Noir italiano, in ogni Comune e Regione e Provincia. Fumata nera nella bufera. Un delitto o una strage a Voghera? Sporcarsi le mani. Cambiare i vertici. Una *débâcle* o batosta o stangata o mazzata. Mozzafiato. Mozzorecchi. Mozzarella. Mai trarre deduzioni momentanee. Pulirsi la bocca. In controtendenza. Non è esclusa la presenza. Una strana coincidenza. Sorprende constatare. Potrei anche lasciare.

È stato veramente bellissimo. Talentuoso. Agglomerazioni, anticipazioni, agitazioni, provocazioni, aggressioni, digressioni, esautorizzazioni, senza autorizzazioni, e poi centinaia di fondazioni, complicazioni, esagerazioni, eversioni, evasioni, erosioni, vessazioni, contorsioni, concioni, improvvisazioni, scoppi di lacrime congressuali, provinciali, regionali, ancestrali, digitali, processuali, extragiudiziali, da manuale, messale. Nazionale. Stivale...

... In una guerra civile, tutti questi si sarebbero fucilati sommariamente fra loro, sul campo, colonnello, vero?

...

Arriva ancora una chiatta di assessori, funzionari, seminari, fondazioni, fosse comuni, bipolarismi tripartisan super partes e inter nos, aule e palchi e piazze e balconi e corti, cortili, e sceneggiate 'improvvisate' cioè preparate e prepagate, e corteggi e consigli, consessi, convegni, commedie, ponteggi, e diversi aggeggi per tramutare le varie identità travasando o travisando i rinnovamenti delle modifiche nelle trasformazioni istituzionali delle funzioni e degli organi...

...

«Tutti usciiite!» (Donizetti, Bellini, o Cilea). Tutti fuori dal coro per un momentino, Contessa. Mezzo minutino di pazienza, siamo in diretta, poi tutti liberi, dopo aver firmato la liberatoria. Ahò, dico ahò, la trasgressione, qua in passerella. Gli addetti, tutti ai lavori. Le provocazioni vanno in differita. Ora, un momento di! Uno spazio di!... A che cult gradireste che mi convertissi, guarda che luna cool, stasera?

Siete cortesemente pregati di rimanere in dolce attesa.

Stampato nell'ottobre 2008
da Techno Media Reference s.r.l. - Cusano (MI)

Biblioteca minima